Christoph Nix
Gramscis Geist
Ein Sardisches Tagebuch

Christoph Nix lebt und arbeitet in Konstanz und Alghero auf Sardinien. Er ist Strafverteidiger, Schriftsteller, Regisseur und Wissenschaftler (mehr unter christoph-nix.de). Im VSA: Verlag hat er 2024 die Neuausgabe der Biografie von Guiseppe Fiori »Das Leben des Antonio Gramsci« herausgegeben.

Katrin Bollmann lebt und arbeitet als Illustratorin in Hamburg. Sie war 35 Jahre in der Designabteilung des Spiegel-Verlages tätig. Auf Reisen malt und zeichnet sie Land und Leute, beobachtet mit dem Stift in der Hand ihre Umgebung. Am liebsten auf Sardinien.

Sebastiano Piras lebt und arbeitet in Sardinien. Mitte der 1960er-Jahre begann er zu fotografieren, seit Ende der 1980er-Jahre vor allem Schwarz-Weiß-Reportagen über Sardinien (Karneval, religiöse und volkstümliche Feste, Traditionen etc.) und viele Länder Europas sowie Nordafrikas. Seine Fotos erschienen in Zeitschriften und Tageszeitungen. Über 25 Jahre lang war er Bühnenfotograf an der Oper von Sassari auf Sardinien.

Christoph Nix

Gramscis Geist

Ein Sardisches Tagebuch

Mit Zeichnungen von Katrin Bollmann
und Fotos von Sebastiano Piras

VSA: Verlag Hamburg

www.vsa-verlag.de

Lektorat: Franziska Bolli
Verlagslektorat und Layout:
Mareike Borger und Gerd Siebecke

2. Auflage 2025

Umschlagabbildung Wandzeichnung in Orgosolo, Sardinien
(Foto: Wikimedia Commons, CC-Lizenz)
Druck und Buchbindearbeiten: CPI Books GmbH, Leck
ISBN 978-3-96488-218-9

Inhalt

Für Sammy

Gramscis Geist

Im Mai 1928 wurde Antonio Gramsci wegen Anstiftung zum Bürgerkrieg angeklagt. Im Strafprozess beendete der Staatsanwalt sein Plädoyer mit dem Satz: »Wir müssen verhindern, dass dieses Hirn funktioniert.«

Ich bin 40 Jahre nach Gramscis Tod nach Sardinien gereist. Ich wollte wissen, was er für ein Mensch war, ich wollte seinem Blick folgen, seinem Leben nachspüren. Ich stand in dem Haus seiner Eltern, vor seiner Schule, ich sah alte Fotos und hielt die Totenmaske in meinen Händen. Bei meiner Reise hat mich der kleine Sarde begleitet, sein Hirn hat funktioniert, sein Herz hat geschlagen. Seine Geschichten und Märchenübersetzungen folgen dem Rhythmus kindlicher Gefühlswelten, dem Taktschlag der sardischen Obertongesänge. Seine Theorie der Zivilgesellschaft, sein Begriff Kultureller Hegemonie ist aktueller denn je.

Wenn man Sardinien erkunden will, kann man sich eines Reiseführers bedienen. Man kann aber auch das Leben Antonio Gramscis[1] im Handgepäck führen. Die Route ändert sich. Die Kompassnadel schlägt aus, die Reise wird intensiver. Sie kann zu einer politischen Meditation werden. Wir gehen auf große Fahrt, nach *Ghilarza*, wo Gramscis Leben begann, nach *Santu Lussurgiu*, wo er zur Schule ging, nach *Ulassai*, wo die Maus dem Berg eine wunderschöne Geschichte von Gramsci erzählt. Das Sardische Tagebuch führt quer über die Insel, hebt Geschichten vom Boden auf, ordnet alte Gedanken und stiftet neues Chaos. Man sollte sich nach Sardinien aufmachen, wenn man sich fremd geworden ist und sich in der Fremde wiederfinden will.

Mein Reisebericht geht über 44 Jahre. Auf der Landkarte kann man erkennen, wo ein Teil der Geschichten spielt, wo es sich lohnt, eigene Erfahrungen zu sammeln. Man braucht am besten eine Karte aus Papier, ein wenig Sprachkenntnisse, eine innere Suchbewegung. Alles andere fällt einem zu. Restaurants, Museen, Kirchen, Volkshäuser, Häfen, Festivals, die Einsamkeit, das Meer, Feen und Engel. Zwischen Dünen und Bergen, zwischen Bäumen und Felsen, auf Plätzen oder in Kirchen wird Antonio Gramsci um die Ecke kommen, mal in Gestalt eines Hundes, eines Kindes oder einer Eisverkäuferin. Er ist nachdenklich, träumt, manchmal schreibt er etwas auf:

---

[1] Guiseppe Fiori: Das Leben des Antonio Gramsci. Aus dem Italienischen von Renate Heimbucher und Susanne Schoop. Herausgegeben von Christoph Nix. Mit einem Epilog von Wolfgang Fritz Haug. Neuausgabe Hamburg 2024. Im Folgenden zitiert als »Fiori«.

»Sich selbst zu kennen, heißt, es sein, was man ist, Herr seiner Selbst zu sein, sich unterscheiden, aus dem Chaos herauskommen [...]. Und das kann man nicht erreichen, wenn man nicht auch die anderen kennt, ihre Geschichte, (ihre Landschaften, ihre][2] Anstrengungen, die sie unternahmen, um das zu sein, was sie sind«.[3]

Folgen Sie Ihrer Nase und meinen Geschichten. Sie entdecken eine Insel am Ende der Welt.

---

[2] Hinzufügung des Autors.

[3] Antonio Gramsci: *Socialismo e fascismo*. Il Grido del Popolo, 29. Januar1916, zitiert nach Antonio Gramsci: Gedanken zur Kultur. Leipzig 1987, S. 11.

1. Ein Tritt im Sand (1980)

Ein Tropfen Speichel, ein Schluck Wasser, ein Fleck mitten im Meer. Wie eine Pfote. Links vom Stiefel. Die Spur eines Menschen? Ein Fußabdruck. Ein Tritt im Sand. Weg ist er. Der Mensch. Der Rest ist Erinnerung …

In einem Brief von Gramsci an seine Schwägerin Tanja, der am Beginn von Fioris Buch über dessen Leben steht, öffnet sich dem Fremden eine verborgene Welt: Engel ohne Flügel und eine tröstende Poesie. Was für ein Bild für einen Vater, der in einer nassen und kalten Gefängniszelle sitzt, 17 Jahre lang, und seine Kinder nicht zu Gesicht bekommt, nicht weiß, was sie fühlen, was aus ihnen geworden ist, was aus ihnen werden wird.

> »Ich habe die Fotografien der Kinder erhalten, und Du kannst Dir vorstellen, wie sehr ich mich darüber gefreut habe. Zu meiner großen Genugtuung konnte ich mich jetzt mit eigenen Augen davon überzeugen, dass sie Körper und Beine haben. Seit drei Jahren habe ich immer nur ihre Köpfe gesehen, und allmählich fing ich schon an zu glauben, sie seien Engel geworden – ohne Flügel hinten den Ohren.«[4]

Ich wollte diesen Mann kennenlernen, wollte wissen, wie er gelebt hat, wie man seine Gedanken verstehen kann. Nichts hindert uns mehr daran, den Anderen kennenzulernen, als zu glauben, alles über den Anderen zu wissen. Aber was wissen wir über den Sarden Gramsci? Zwar mag es in jeder sardischen Stadt, in jedem Dorf eine »Via Antonio Gramsci« geben, aber deshalb wissen wir noch lange nichts über sein Leben in der sardischen Kultur. Wir wissen nichts oder zumindest wenig. Wer war dieser moderne kleine Mann? Ein Europäer mit weitem Blick von einer Insel mitten im Mare Nostrum?

Sardiniens jüngere Geschichte ist verbunden mit der Philosophie Antonio Gramscis. Fragt man nach, so kommt ein Schulterzucken oder die

[4] Fiori, S. 13.

vorschnelle Antwort: Er war der Gründer der Kommunistischen Partei Italiens. Schnee von gestern. Nun, sein Gesicht ist das Antlitz eines menschlichen Sozialismus. Hätte er überlebt, hätten seine Gedanken über die Welt aus dem kleinen Fenster der Zelle die Herzen und die Köpfe der Aufständischen des letzten Jahrhunderts erreichen können. Die Herzen der Partisanen, der Widerstandskämpfer, der Rätedemokraten, der Frauen um Clara Zetkin und Rosa Luxemburg. »Bella Ciao« hätte gesungen werden können von einer Bewegung des Demokratischen Sozialismus italienischer Prägung. Aber Gramsci starb zu früh, am Tag der Entlassung aus seiner Zelle, im Herbst 1937, kurz bevor die Nationalsozialisten die Welt in Angst und Schrecken versetzten.

Gramscis Geist brachte zu Beginn des letzten Jahrhunderts nicht nur Flugblätter oder Theorien, sondern auch Erzählungen, Kindergeschichten und Theaterkritiken hervor. In Turin verehrte der junge Gramsci die Schauspielerin Emma Gramatica. Er musste im Theater mit den Händen klatschen und mit den Füßen stampfen, um seiner Liebe Ausdruck zu verleihen. Dann trat sie vor den Vorhang und verbeugte sich. Ebenso verzehrte er sich in Erinnerungen an seine Kindheit auf Sardinien. Für kurze Zeit waren Liebe und Sozialismus, das Theater und die Geschichte Sardiniens eng verbunden, zumindest in den Gedanken und Gefühlen des kleinen Herrn Gramsci.

Leidenschaft und Leiden sind den Sarden eng vertraut. Seit Menschengedenken wird ihre Insel erobert. Vom Meer herüber kommt nichts Gutes, droht Unheil: Mal waren es die Phönizier, Katharer, Piraten oder Araber, aber am schlimmsten waren die aus dem Piemont. Heute droht ihnen neues Leid. Der Fußabdruck im Mittelmeer, die Insel, ein Ort für Banditen und Individualisten, keineswegs für organisierte Kriminalität, ist seit der Pandemie für den Massentourismus und seit der Niederlage der Linken auch für die Mafia begehrlich geworden. Noch sind Kreuzfahrtschiffe limitiert, aber immer mehr davon tauchen auf, legen in den Buchten von *Olbia* und *Alghero* an. Noch sind die Dörfer in den Bergen eingehüllt vom Nebel und in die Schweigsamkeit seiner Bewohner, noch ist der Flughafen von *Alghero* für den Nachtflugverkehr gesperrt. Aber die Insel hat sich verändert.

Im Sommer 1980 wusste ich nicht, wie man auf dem Land- und Wasserweg Sardinien erreicht, von wo die Schiffe, die Fähren ablegen, was die Tickets kosten. Ich wusste nichts. Weder in einem Reisebüro noch im italienischen Konsulat war eine Auskunft zu bekommen. Gott sei Dank kannte ich einen, aber nur einen, der schon auf Sardinien war, der das Meer und die Wellen liebte, der von den Buchten und der Weite des Meeres schwärmte, der mit dem Wind spielte, alles auf einem Brett.

Wie hingerotzt, ein Tropfen Speichel, ein Schluck Wasser, ein Fleck mitten im Meer. Wie eine Pfote. Links vom Stiefel. Die Spur eines Menschen? Ein Fußabdruck. Ein Tritt im Sand. Weg ist er. Die Griechen gaben der Insel den Namen »*ICHNUSA*«.[5] Ein Fuß muss es gewesen sein, ein Mysterium, das die Götter im Mare Nostrum zurückgelassen hatten. Die Götter müssen Füße und Flügel gehabt haben.

Wer baute die Nuraghen, wer mauerte das siebentorige Theben, von wem sind die Gräber der Giganten? Von den Phöniziern, den punischen Herrschern über Karthago? Ach, älter, geheimnisvoller. Die Römer kotzen: *Ichnusa*. Man muss es langsam aussprechen, ohne Bier im Mund, das K betonen und das A auslaufen lassen. Die ungefilterte Wahrheit ist wie ungefiltertes Bier. Das Birra Ichnusa ist dreckig, es gehört seit 1982 einer dänischen Bierbrauerdynastie. Den Sarden hat man das Braurecht genommen, selbst die Namen, daher ist ihre Sprache unaussprechbar geworden für andere, voller Konsonanten, dunkel, mit U und O, damit die Eroberer verwirrt werden, damit die Touristen nichts, wirklich NICHTS verstehen, damit die Insel unerreichbar wird. Über das Meer hört man den Gesang, die Stimmen der Tenöre aus *Bitti*, aus *Fono*, aus *Dorgali*, Obertöne von Kastraten.

Ichnusa liegt zwischen Europa und Afrika. Die Kartographen der Griechen erkannten, dass ein Gott nur einen einzigen Schritt brauchte, um die Kontinente Afrika und Europa zu verbinden. Der Umriss sieht aus wie der linke Fuß der Göttin Jana. Sie war dabei, die Gräber für ihre Männer anzulegen, mitten auf der Insel entstand im Fußabdruck ein riesiger Heldenfriedhof. An der Spitze, da, wo sonst die Zehen sitzen, ist die *Gallura*. Sie bildet die große Zehe, an die sich die Inselgruppe der *Magdalenen* anschmiegt. Von dort führt die Nordküste, die *Costa Paradiso*, in eine kleine Stadt auf einem Berg, nach *Castelsardo*; dann in das auf den ersten Blick hässliche *Porto Torres*, vorbei an Felsen und Strandbuchten nach *Stintino*, wo der Sand weiß wie Schnee und fein wie Babypuder ist. Die Eingeweihten kennen in *Pozzo San Nicola* den Weg zur besten Pasticceria der Insel: »Biscottificio Demelas«, die Zuckerbäckerei der Götter.

Die Unentwegten werden noch den Appendix, die kleine Zehe aufsuchen, dazu brauchen sie ein Schiff. Die geheimnisvolle Gefängnisinsel der Esel und der Verbrecher, die *Isola di Asinara*, ist ihre Reise wert. Dutzende, Hunderte weißer Esel beleben die Wiesen und die Berge, sie hausen in Ruinen, gebären ihre Jungen. Im nördlichen Teil der Insel befindet sich das ehemalige Gefängnis. Es wurde 1996 geschlossen, nur noch wenige Menschen leben in den Restbeständen der Dörfer und des Gefängnisbaus.[6]

Hier findet man ein kleines Haus mit einer Gedenktafel, darauf zwei Zitate der Mafiajäger Paolo Borsellino und Giovanni Falcone. An die-

---

[5] »Ichnusa« ist die lateinische Übersetzung des griechischen Wortes Ichnôussa (Ἰχνοῦσσα), was so viel bedeutet wie göttlicher Fußabdruck oder Spur.

[6] Vgl. Roberto Saviano: Falcone. München 2024, S. 224ff.

sem Ort in den Bergen lebten die beiden mit ihren Familien für einige Monate, zwischen Eseln, Steilküsten und Macchia. Sie fanden Schutz, bevor sie nach Sizilien zurückkehrten, wo sie am 23. Mai und am 19. Juni 1992 durch die Bomben der Mafia getötet wurden.

Zweimal die Woche, morgens um 8 Uhr 30, fährt ein altes Schiff hinüber zur *Asinara*. Abends holt es die Besucher wieder ab. Tagsüber ist man frei und fast allein. Die Straße führt südlich zum alten Gefängnis, zu zwei Dörfern, in denen eine Handvoll Menschen leben. Die Berge sind unwegsam, überall laufen, liegen, stehen kleine Esel, grau, weiß und verwildert. Sie suchen Schutz vor der Sonne. Im Jahre 2016 drehte Gianfranco Cabbidu einen großartigen Film, der auf *Asinara* spielt: der »Stoff der Träume«, eine wilde Adaption von Shakespeares »Sturm«. In dem Film stranden zwei unterschiedliche Gruppen von Menschen auf der Insel: knallharte Verbrecher, die ins Gefängnis gebracht werden, und eine bunte Theatergruppe, die Shakespeares »Sturm« für die Gefängnismannschaft und die Gefangenen aufführen soll. Der Gefängnisdirektor auf *Asinara*, ein einsamer Mann und großer Shakespearekenner, der seine Tochter vor der Begehrlichkeit von Insassen und Soldaten beschützt, will nun mittels der Inszenierung herausfinden, wer von den Gestrandeten Verbrecher und wer Schauspieler ist. Der Plan ist gut, aber, wie häufig im Leben, kommt alles anders.

Als wir jung waren, war die Reise von *Frankfurt* nach Sardinien ein Abenteuer mit hochgesteckten Zielen. Vier Männer und ein Baby. Wir hatten wenig Geld, schlechte Landkarten, einen alten geliehenen VW-Bus und drei Kartons mit Pampers Windeln dabei, damit wir keine aus Stoff waschen mussten.

Wir fuhren nachts, weiß der Teufel warum. Um der Hitze zu entgehen oder einem möglichen Stau? Alle fuhren nachts, um irgendwo in Süddeutschland oder der Schweiz erschlagen aus dem Auto zu fallen, weil der Druck auf der Blase und der Durst auf Kaffee besonders groß war.

Das Kind hatte geschlafen, jetzt war es wach, hellwach, das enge Auto war kein Ort für ein krabbelndes, nach Muttermilch suchendes Kind mit Bewegungsdrang, aber wir mussten weiter. Im Hafen von *Genua* war das Wasser schmutzig und schwer. Früh am Morgen standen wir auf einem Parkplatz, bereits in der Gluthitze. Das Kind stolperte davon, die Männer hinterher. In einer alten Osteria fanden wir einen geschützten Ort.

Die Köchin war kugelrund, mit freundlichen schwarzen Augen. Sie kniff dem Kind in die Backen, bis es zu heulen begann. Dann aber kamen riesige Teller, Brot und Wein und eine Minestrone mit Fleisch und Gemüse. Sie war heiß, ungeheuer heiß in der Hitze des Tages. Alte Männer scherzten, junge Frauen drückten sich eng an den Tischen und unseren Körpern vorbei. Ach, wir waren Buben und alle Lust war rein.

Die Fähre wartete. Wir krochen in ihren Bauch, packten im stählernen Rumpf unsere Schlafsäcke, Brot und Wein, suchten auf dem oberen Deck nach einem Platz. Hunde liefen umher. Kabinen wurden verteilt. Wir hatten keine, brauchten keine, der Himmel und die Sterne beschirmten uns. Wir schlichen am Schiffsrestaurant vorbei – Pasta, Meeresfrüchte, goldener Wein –, rauchten und schauten dem Ablegemanöver der Schiffe zu. Wilde Matrosen packten die Taue mit ihren schönen Händen, ich verfolgte sie mit meinen Blicken. Als der Lotse von Bord ging, erinnerte er mich an eine Karikatur von Bismarck. So sieht das aus, wenn man seine Arbeit getan hat. Der Lotse sprang auf sein Schiffchen und ließ sich zurück in den Hafen von *Genua* bringen.

Das Meer war aufgewühlt, das Schiff schaukelte, ein paar Männer rauchten noch und standen an der Reling, das Festland verschwand, vor uns die dunkle Nacht. Wir schliefen rasch ein, hatten das Kind zwischen uns gelegt, damit es nicht fror oder gar wegrollte. Wir fünf mussten uns aneinander gewöhnen: vier junge Männer ohne Frauen und meine Tochter Jana, die abgestillt wurde. Um uns herum junge Paare, ein paar Kinder, allein reisende Männer, Rucksacktouristen, nordische Frauen, zarte Sardinnen. Als die Sonne aufging, sah ich Korsika.

»Ach was«, sagte der Matrose neben mir an der Reling, »das ist das Gefängnis für unsere Verbrecher.«

Ich war erleichtert. Die Banditen waren gefangen, meine Tochter war sicher. Eine Woche zuvor waren in der Toskana drei Deutsche entführt worden: die Kinder des ZDF-Redakteurs Dieter Kronzucker. Sie wurden dank einer groß angelegten Suchaktion gefunden, die Täter waren Sarden.

Macchia, Wacholder, Thymian, Rosmarin, Schafe und Petroleum. Hinter all dem Grün lagen die Schornsteine der Raffinerie von *Porto Torres*. Das Schiff fuhr mitten in die Stadt. Wir lagen an der Kaimauer, konnten den Leuchtturm berühren, den Sarazenenturm küssen. Der sardische Lotse rauchte, Händler, Polizisten, Zöllner eilten geschäftig von links nach rechts.

Die Fähre spuckte uns aus. Wir hatten festen Boden unter den Füßen, die Erde Sardiniens, irrten durch die morgendlichen Straßen, suchten eine Bar: »Quattro Cappuccino«.

Gerolf, ein schlaksiger, verträumter Kerl, der immer alles vergaß, dünner Bart, lange Haare. Duxi, ein kräftiger Bäckerbursche aus dem Westerwald, große Klappe. Udo, ein Laborant und Trotzkist, schmaler Typ und freundlicher Charakter. Unbeholfen waren wir beim Anblick all der schönen Frauen. Die Kellnerin lachte uns aus, wir wussten nicht, warum. Wir hätten gerne noch vor uns hingedöst und dem sardischen Treiben zugeschaut, doch das Kind war hellwach. Ungeduldig drängte ich darauf, einen Platz für die Nacht zu finden. Der Tag hatte begonnen, wir ahnten nicht, wie heiß er werden würde. Die Sonne blendete, der VW-Bus tuckerte mit 50 durch das Industrieviertel von *Porto Torres*. Nach wenigen Kilometern bogen wir ab, der Süden war unser Ziel. Vorbei an Hügeln, Schafherden, Bars, Straßendörfern. Wegweiser tauchten auf: *Alghero*. Das klang wie Algerien, die Stadt machte uns Angst. Wir wussten nichts, kannten keine Preise. Brot, Spaghetti, Pizza, Wein?

Sechs Kilometer vor der Stadt bogen wir ab, vorbei an dem Ort *Santa Maria La Palma*. Es gab eine Bar, eine Weinbau-Kooperative mit Vermentino und eine einsame Kirche. Wir kauften Wasser, Tomaten und Bier, kleine braune Ichnusa-Flaschen, und fuhren dem Meer entgegen. Im Wagen war es heiß, die Luft war staubig, Jana wurde unruhig, Duxi sang deutsche Wanderlieder. Ich erinnere mich, dass wir in einen Pinienwald kamen. Ein wilder Campingplatz. Nur Italiener, wieder diese schwarzen, schlanken Frauen, Kinder, Lärm, Freude, kleine Feuer und Sand. Wir waren in den Pinienwäldern von *Porto Ferro* gestrandet. Um uns herum waren hohe Berge und dazwischen eine riesige Bucht. Wild schlägt das Wasser vom Westen her ein, Dünen, der Schutz des Landes gegen das Meer. Begrenzt wird der Sandstrand von zwei verfallenen Türmen. Nur zwei Kilometer vom Meer entfernt krabbeln Schildkröten am *Lago Baratz*, einem kleinen Binnensee.[7] Vorsicht: Krokodile und Mücken.

Vierzig Jahre später sind fast alle Dünen abgetragen, Campen im Wald ist verboten, am Strand gibt es jetzt ein paar Hütten, eine Gruppe junger Leute aus *Sassari* bewacht die Badegäste, alte Hippies verkaufen Schmuck. Manchmal sehe ich noch ein Campmobil in den Wald fahren. Mir wird schlecht beim Gedanken an die Hitze und den Staub.

Die Italienerinnen wunderten sich und fragten: »Dov'è la mamma della bambina?« »La mamma è in Germania per lavoro.«

Mein Freund Duxi schaute stolz, mein Freund Udo suchte nach Kräutern und seltenen Steinen. Gerolf, der Vierte im Bunde, lernte auf Sardinien spanische Vokabeln. So lebten wir vor uns hin, die ersten Tage, mit offenem Mund und müden Gliedern. Ich quälte mich morgens aus dem Schlafsack, die Hitze machte mir zu schaffen, das Kind dachte nur an eines und starrte den Busen fremder Frauen an.

Um Gramsci war es still geworden hier im Wald und wenn ich nach ihm fragte, nickten die Sardinnen und die Sarden, weil sie den Namen kannten oder dem Touristen nicht widersprechen wollten. »Sì, Antonio Gramsci!«

40 Jahre später laufe ich durch die Innenstadt von *Alghero,* ich suche ein Eisenwarengeschäft, eine »Ferramenta«, einen Schlüsseldienst. Ich muss den Hausschlüssel nachmachen lassen. Der Schlüsselmann soll Faschist sein, sagt mein Nachbar, »Fratelli d'Italia«. Seine Frau hat

---

[7] Der Lago Baratz ist ein sardischer Süßwassersee.

tiefe Ringe um die Augen, ist griesgrämig, legt mir den neu gefertigten Schlüssel hin: »Tre Euro«.

Ihr Mann erblickt in meinem aufgeschlagenen Portemonnaie das Bild von Antonio Gramsci, das ich seit meinen ersten Aufenthalten auf Sardinien bei mir trage. Entsetzt schaut er mich an, dann wieder auf das Bild. »Ma questo è un comunista.« Ich schaue freundlich zurück und antworte, da habe er recht, aber zuallererst sei Antonio Gramsci doch ein Sohn Sardiniens, »un figlio di Sardegna«. Erstaunen. Die Augen werden größer. Stille. Dann kommt er hinter dem Verkaufstresen vor, als wolle er mich schlagen, ich weiche zurück, er nimmt mich kurz und unbeholfen in den Arm, dreht sich zu seiner Frau und sagt: »Solo due euro per il signore. Ha ragione. Gramsci è sardo.«[8]

Natürlich ist aus dem sardischen Saulus kein Paulus geworden und *Alghero* wird heute von einem rechten Bürgermeister regiert. Das ändert nichts daran, dass in dieser Stadt zwei bedeutende Theater stehen, dass es ein wunderbares Kino gibt und Musiker wie Claudio Sanno und Claudio Abbado.

Das wussten wir alles damals nicht, als wir mit dem Kind den Wald, die Bucht von *Porto Ferro* und den Nordwesten verließen, denn eine andere Insel wartete auf uns, die *Isola di San Pietro*, die im Südwesten Sardiniens liegt.

Auf dem Weg dorthin, auf halber Strecke, liegt *Ghilarza*. Hier hat Gramsci gewohnt. Vorbei an *Santa Maria La Palma*, dann auf die Nationalstraße über *Olmedo* auf die sardische Autobahn SS 131. Diese Prachtstraße, damals voller Baustellen, verbindet den Norden mit der Hauptstadt *Cagliari*. Viel zu schnell wechseln die Landschaftsbilder. Alte Minen, romanische Kirchen und viele Türme oder besser fein strukturierte Steine, die aufeinander liegen und Nuraghen heißen. Nirgends sonst auf der Welt gibt es diese Form der Nuraghe, den Turm, den Silo, das Symbol, Zeichen und Sprache einer vergangenen Welt. Wir staunten, das Kind lachte. Nach 123 Kilometern, vorbei an *Florinas*, *Torralba*, *Giave* und *Bonorva*, zweigt eine Straße ab in den Osten der Insel, aus der SS 131 wird die SS 129, es ist Niemandsland. Vorbei an *Macomer* bis zur nächsten großen Kreuzung der Provinzautobahn, wo die SS 131 zur 131 DCNN wird. Irgendwo in der Tiefebene sollte *Ghilarza* liegen. Wir näherten uns der Geschichte Gramscis. Dem Kind war es gleich, Udo ließ sich durch nichts von der Lektüre Leo Trotzkis abhalten. Gerolf ging die Totensuche auf die Nerven, aber Duxi, der lange im Knast gesessen hatte, wollte den kleinen Häftling mit dem Buckel kennenlernen. Wir waren vier Stunden gefahren, hatten Hunger, das Kind hatte Durst, da kam ein Schild: *Santa Cristina*.

---

8 »Nur zwei Euro für den Herrn. Er hat recht. Gramsci ist Sarde.«

»Da müsst ihr hin!«, hatte uns in Deutschland eine der vielen Mütter ans Herz gelegt, »Da ist die Wiege des Feminismus, da sind die Göttinnen zu Hause.«

Pozzo Santa Cristina liegt südlich von *Paulilatino*. Ein verlassenes Dorf mit Häusern aus Granit. Die Leute müssen reich gewesen sein – was ist geschehen? Ein großes Feld, Kastanienbäume, Felsen, Felsengräber, ein paar Hütten, ein einsames Anwesen mit einer geschlossen Kassenbox. Wir hielten an, Jana war froh, laufen zu können, eilig rieb ich sie mit Sonnenmilch ein. Ein braunes Wiesenfeld, die Sonne brannte, niemand war vor Ort. Mitten im Feld fanden wir eine Treppe, sie führte in die Erde. Vorsichtig stiegen wir hinab. Wie ein Spiegel: eine Treppe zum Himmel und eine zur Erde. Stufen aus Granit. Es war dunkel und ein säuerlicher Geruch stieg auf. Ein Feuerzeug wies uns den Weg. Plötzlich standen wir, das Kind an der Hand, vor einem Teich, einem See mitten in der Erde. Damit nicht genug: über dem See ein Loch, besser eine ovale Öffnung. Das Tageslicht schien herein, ein Strahl, ein Licht in die Vulva der Göttin. *Santa Cristina*, eine nuraghische Brunnenanlage, ein mystischer Ort: Lux in tenebris.

> Ein Professor Arnold Lebeuf konnte durch exakte Vermessung von Treppen- und Brunnenraum zeigen, dass das Gebäude um 1000 v. Chr. eine außergewöhnliche Beobachtung erlaubte: Alle 18,6 Jahre während der großen nördlichen Mondwende erreichte das Licht des Vollmondes – in einem Einfallswinkel von 29° 6‘ – die Ebene des Brunnenbeckens, ohne einen Schatten auf eine Stufe zu werfen; ein Vollmond konnte sich dann für kurze Zeit im Wasser des Beckens spiegeln. Heutzutage streift das Mondlicht in dieser Situation die untersten beiden Stufen, da sich die Mondbahn in den letzten 3000 Jahren leicht veränderte. Der Schatten, den das Sonnenlicht bei hohen Sonnenständen durch das Lichtloch an der Gewölbespitze wirft, könnte als eine Art Sonnenuhr gelesen werden, allerdings ist der Gewölbeabschluss möglicherweise ein späterer Einbau.[9]

Wir waren ganz still. Wir waren zurückgekehrt in den Leib einer gewaltigen Mutter. So standen wir da, bis Jana schrie. Sie hatte Hunger. Unser Problem war, dass wir keinen Flaschenwarmhalter hatten und die Milch für das Kind körperwarm sein musste. Wir zogen weiter, ohne die riesigen Grabstätten gesehen zu haben, die den Namen meiner Tochter trugen: »Domus de Jana«, Haus der Jana. Gräber von Göttinnen und Göttern.

---

[9] Vgl. Arnold Lebeuf: Nuraghic Well of Santa Cristina, Paulilatino, Oristano, Sardinia. In: Ruggles, Clive (Hrsg.): Handbook of Archaeoastronomy and Ethnoastronomy. New York 2015, S. 1413–1420.

Ghilarza lag vor uns. Kein romantisches Dorf, durch das wir tapsten. Damals lebten 2.000 Menschen dort. Eine offene Kirchentür, kein Schild. Es war Mittag, die Menschen hatten sich in ihre abgedunkelten Häuser zurückgezogen. Was tun? Eine kleine Bar war unsere Rettung. Der Bus stand in der Sonne und glühte, die Bar war angenehm kühl. Die junge Frau ließ uns vor dem Tresen stehen. Dann erbarmte sie sich. Wir bestellten Wasser und Vanilleeis. Umständlich fragte ich, ob sie uns die Milch warm machen könnte. Sie nickte. Als ich ihr die Flasche reichte, berührte sie meine Hand. Ich hätte bleiben können, für immer. Ihre Zuneigung galt dem Kind. Duxi bestellte Bier, Udo schrieb Tagebuch, Gerolf war verschwunden. Er kam von der Toilette nicht mehr zurück. Über den Hof der Bar musste er losgezogen sein, nach Irgendwo. An eine Entführung glaubten wir nicht. Gerolf war ein verträumter großer Kerl, einer, der lange in katholischen Internaten verwahrlost war, dem die Strenge dort jede Struktur des Tagesablaufes genommen hatte. Jeder Tag in seinem Leben war ein stiller Protest gegen jede Form von Ordnung und Klerus. Kirchen hielt er nicht aus, er ging in keine hinein. Udo fand ihn im Park, im Schatten einer Buche, auf einer Bank sitzend. Er lernte spanische Vokabeln, mitten in Italien.

»Dov`è la casa di Antonio Gramsci?« hatte ich die junge Frau gefragt. »Sinistra, destra e tutto diritto ...«[10]

Um die Jahrhundertwende lebte man in *Ghilarza* von der Landwirtschaft. Ein paar Landvermesser kamen 1899 in die Stadt, junge Männer mit neuen Ideen. Gramscis Bruder Gennaro fand Arbeit im Katasteramt und half, die Familie zu ernähren.

> Die Einwohner von Ghilarza teilen die Arbeit auf in Getreideernte, Weinlese, Brennholzbeschaffung, Viehverwertung, Einzäunung und Erhaltung ihres Acker- und Weidelandes. Nach Möglichkeit möchten sie dabei ohne fremde Arbeitskräfte auskommen. Außerdem ist der Grund und Boden im Dorf so aufgeteilt, dass mehr oder weniger alle Einwohner Land besitzen: Deshalb fehlen Arbeitsplätze für einen ausgedehnten Anbau und die Bauern, die keine Knechte haben, helfen sich gegenseitig bei der Bestellung der Felder und bei der Ernte. Diese Aushilfswirtschaft nennen sie a cambios oder a manu torrada.[11]

Als wir das Haus der Familie Gramsci erreichten, war es verschlossen. Wir hatten keine Erfahrung mit Öffnungszeiten in der Mittagshitze, wussten nicht einmal, dass aus der »Casa Gramsci« ein Museum geworden war. Was tun? Gerolf war wieder aufgetaucht, Duxi lachte, das Kind

[10] »Wo ist das Haus von Antonio Gramsci?« [...] »Links, rechts und dann geradeaus ...«

[11] Vgl. Michele Licheri: Ghilarza. Note di Storia civile ed ecclesiastica. Cagliari 1902.

wurde langsam müde. Der Straßenverkehr rauschte vorbei, schmal war der Bürgersteig. Ich hatte Angst. Ein alter Mann kam um die Ecke mit einem Schlüssel in der Hand. Freundlich begrüßte er uns, öffnete die Tür, wir sollten hereinkommen, gerne könnten wir eine Weile bleiben. Die Frau aus der Bar hatte ihn angerufen. Im oberen Stockwerk gab es zwei Zimmer und eine Küche und dahinter einen umgebauten Stall. Das war alles. Hier lebte die Familie, während Ninos Vater im Gefängnis saß. Die kleine Jana tappte durch die Tür. Der alte Mann streichelte dem Kind über den Kopf. Ehe ich mich versah, eilte Duxi nach oben, öffnete eine Vitrine und setzte sich Gramscis Brille auf. Ich war schockiert, fürchtete, der Alte würde uns in hohem Bogen aus dem Haus werfen. Ich schnauzte Duxi an, aber der fühlte sich unschuldig. »Ich habe doch nix kaputt gemacht.«

Auch eine Möglichkeit, sich Gramsci anzunähern. Gramsci verstehen heißt, seinen Blick einnehmen, seine Betrachtungen teilen, der Armut nahe sein. Heute findet man auf der Homepage des Museums eine Maske des älteren Gramsci, sein Gesicht ist immer noch wohlgeformt, man erkennt die langen Haare. Seine Totenmaske sieht anders aus. Wir erschraken. Das aufgeblasene, aufgedunsene Gesicht eines alten kranken Mannes. Das Elend von 17 Jahren Gefängnis liegt darin, nichts erinnert mehr an seine Schönheit, sein schmales Kinn, seinen klaren Blick. Da liegt ein Brief an seine Mutter vom Mai 1928:

> »Liebe Mamma, ich möchte Dich gern ganz fest umarmen, damit Du spürst, wie lieb ich Dich habe und wie ich Dich für diesen Kummer trösten möchte, den ich Dir bereitet habe – aber ich konnte nicht anders handeln. Das Leben ist sehr hart, und manchmal müssen die Kinder ihren Müttern großes Leid zufügen, wenn sie ihre Ehre und Menschenwürde bewahren wollen.«[12]

Wir fuhren weiter. Der Dachboden des Hauses beschäftigte mich noch lange. Dort hatten die Geschwister den kleinen Nino aufgehängt und versucht, ihn an den Füßen gerade zu ziehen. Der Buckel, der ihm gewachsen war, sollte wieder verschwinden. Nichts half. Wenn man den kleinen Mann mit dem großen Herzen verstehen will, muss man auf diesen Dachboden zurückkehren.

Am nächsten Morgen standen wir mit dem Bus auf einem Fabrikgelände, ein Schuppen, Kohlenstaub, Öl und Dreck. Schiffssirenen heulten, alte Taue lagen herum, Mütter weinten und junge Männer schraubten an Autos. Jana war fröhlich und spielte mit einem Stück Holz. Duxi schlief auf der Rückbank und Udo fuhr unseren alten wackeligen Bus. Es hoppelte und wir waren auf dem Schiff, einer Fähre für zehn Kraftfahrzeuge. Die Überfahrt dauerte 40 Minuten und wir kamen in ein Pa-

[12] Zitiert nach Fiori, S. 281.

radies – ein Sub-Paradies. *Carloforte*, eine genuesische Stadt auf einer sardischen Insel. Esel, alte Männer, die mit dicken Stöcken in den Händen auf großen Bänken sitzen, damit sie nicht umfallen. Riesige Kastanien spenden Schatten, am Hafen Restaurants, unbezahlbar für vier Gangster und ein Kleinkind.

Wir ließen das Städtchen hinter uns und fuhren an das Ende der Insel, an das Ende aller Straßen. Ein Campingplatz, ein Strand: die *Spiaggia dello Spalmatore.* Alles war da: Duschen und Disco, Waschmaschinen und Wäscheständer, deutsche Tageszeitungen und sogar eine Telefonzelle. Duxi zog los. Mit großen Augen. Er quatschte mit allen, die Männer nickten, die Italienerinnen staunten und die Kinder lachten. Duxi konnte kein Wort Italienisch, sprach Westerwälder Dialekt und die Italiener verstanden ihn. Er wurde eingeladen, aß hier und da, bekam Spaghetti und Oliven, trank ein Schlückchen Bier, überließ es uns, das Zelt aufzubauen. Gerolf war verschwunden. Udo, das Kind und ich versuchten, die Heringe in den Boden zu schlagen. Irgendwann würde es uns gelingen. Die Zelte des letzten Jahrhunderts waren eine handwerkliche Herausforderung für marxianische Intellektuelle.

Wir waren spartanisch ausgerüstet, keine Stühle, kein Tisch und dünne Unterlagen für die Nacht. Ich spürte jeden Kiesel. Nach einigen Tagen entschieden wir, dass einer aufbrechen müsse, um in Cagliari die Tickets für die Rückreise zu besorgen. Dummerweise hatten wir sie nicht auf dem Hinweg gekauft. Unser Plan: Das Kind sollte bei den drei Männern bleiben und ich per Bus oder Auto-Stopp nach Cagliari fahren und abends wieder zurück sein. Leichter gesagt als getan.

Im Bus war ein kleiner Mann mit Glatze, er lächelte mir zu. Als zwei Nonnen einstiegen, verdrehte er die Augen. Die Nonnen waren nicht sein Problem, eher die Kirche. Ich war frei und doch musste ich unentwegt an das Kind denken. Waren die anderen achtsam, konnte am Strand auch nichts passieren? Ich kam in *Cagliari* an, direkt am Hafen. Ich suchte das Büro der TIRRENIA und kaufte die Tickets. Erlöst bummelte ich durch die Stadt. Es war laut und es roch nach gebratenem Fisch. Hier gab es alles. An einem Kiosk hing die *Frankfurter Allgemeine Zeitung.* »Un giornale tedesco.« »2.200 Lire.« »Perfetto.«

Ich suchte einen ruhigen Ort und fand einen Park, *Piazza del Carmine.* Am Ende der *Via Roma* biegt rechts die *Via Sassari* ab, sie führt in die Innenstadt. Der Park war überschaubar. Es war Mittagszeit, die Straßen leerten sich, ich war müde und setzte mich. In der Zeitung hatten sie das letzte Gedicht von Bertolt Brecht abgedruckt.

War traurig, wenn ich jung war.
Bin traurig nun und alt,
So, wann könnt ich mal wieder
lustig sein, es wäre besser bald.

Ich schmunzelte, spürte aber, dass etwas nicht stimmte. Ich hob den Kopf, auf der anderen Seite des Platzes standen drei junge Männer, eigentlich kleine Jungs, die mich anschauten. Aber nicht nur mich. Hinter mir musste noch wer sein. Ich drehte mich um, langsam, damit ich niemanden erschrecke. Drei weitere junge Männer, sie kamen auf mich zu. Ich stand auf, nahm meine Tasche, ging zu einem Brunnen in der Mitte des Parks. Pause. Die Jungs waren irritiert. Ich rannte los, rannte um mein Leben. Die Straßenräuber verfolgten mich, flink wie die Wiesel. Ich erreichte die *Via Roma,* ich war gerettet.

Ich trank erst einmal einen Espresso, spürte Lebenslust, wurde übermütig. Auf der Hinfahrt hatten wir zwei Anhalterinnen mitgenommen. Eine hatte mir ihre Telefonnummer gegeben. Ich ging zu einer Telefonzelle, warf so viele Gettoni ein, wie ich konnte und wollte die Schöne anrufen. »Pronto?« »Pronto.« Das zweite Pronto kam von mir und nach einer Pause formulierte ich mit Mühe den Satz: »Voglio parlare con Signorina Cinzia.«

Schreckliche Pause, dann hörte ich nur ein Brummen, darauf ein derbes »No« und es wurde aufgelegt. Cinzia war für immer verloren. Ich musste mich auf den Heimweg machen. Der Zug eilte durch *Sulcis*, die Südwestregion der Insel. Am Ende der Bahnstrecke stand der Bus, der uns wieder über die Berge zum Hafen fahren musste. Ich sah den Mann mit der Glatze und winkte ihm zu. Der Bus verspätete sich. Die Fahrgäste schimpften. Wir würden die letzte Fähre verpassen. Panik kam auf. Was war mit Jana? Ich wusste nicht einmal, wie der Campingplatz hieß. Die Leute im Bus protestierten. Es war ein herrlicher Aufruhr.

Der Bus kam an, die Fähre war weg. Der Fahrer wurde von allen Fahrgästen zu einer Bretterbude begleitet, als wäre er ein Gefangener. Umständlich holte er hinter dem Fenster ein Telefon hervor, nahm den Hörer. »Pronto?« Alle waren mucksmäuschenstill. Der Fahrer erreichte niemanden. Keine Chance. Es klingelte erneut. »Si, Si ...Sissi?« Das Gesicht des Fahrers veränderte sich. Wir waren gerettet, die Reederei der TIRRENIA schickte die Fähre noch einmal los, um uns abzuholen. Es hatte sich gelohnt zu kämpfen.

Wir sollten uns auf zwei Stunden einrichten. Einige setzten sich auf die Kaimauer, andere an die Bushaltestelle. Der Mann mit der Glatze, Ireneo, lud mich in der Bar zu einer Pasta ein. Wir verstanden uns, zumindest meinte ich den Mann zu verstehen. Er war Schlagwerker im Opernhaus von *Cagliari* und seine Eltern lebten auf der *Isola di San Pietro*. Er bestellte »Spaghetti Genovese«. Ich schaute ihn erstaunt an und er erklärte mir, dass die ganze Insel ligurisch sei, aus Ligurien seien die Menschen damals vor den Piemontesen geflüchtet. Auch er sei nur ein halber Sarde. Wein floss, er zahlte die Rechnung, dann kam das Schiff und wir beide standen kurze Zeit später an Deck und sangen. Mackie Messer in deutscher und in italienischer Sprache. Wir waren glücklich.

Thunfischfang in Carloforte auf der Isola di San Pietro

Plötzlich brach er ab, wirkte verzweifelt, sprach von Mackie Messer und der Mafia. Wollte er mir sagen, dass der Einfluss der Mafia bis in die Oper, bis in das Orchester hinein reiche?

Unser Schiff erreichte den Hafen von *Carloforte*. Mein Freund schwieg. Er fragte, ob er mich begleiten solle, der Weg zum Campeggio sei weit. Nein, das sei nicht nötig. Ich käme klar. Er schaute mich an, umarmte mich und war verschwunden.

Ich lief gen Süden, kam vorbei an den Salinen, an verfallenen Häusern, an einer Bar, aus der fröhlicher Lärm drang. Motorroller fuhren an mir vorbei. Es wurde stockdunkel. Ich hörte Hunde bellen, ich bekam Angst, lief und wurde atemlos. Ich ging langsamer, holte mein Taschenmesser heraus und klappte es auf. Wie ging es meinem Kind? Da, ein Geräusch. Ein Fuchs? Scheinwerfer kamen mir entgegen, ein Wagen fuhr langsam an mir vorbei. Ich lief weiter, dann hörte ich eine Vespa, sie überholte mich, stoppte, ein junger Mann stieg ab, keine 20 Jahre alt. Er forderte mich auf, hinter ihm Platz zu nehmen. Er fuhr knatternd los. Motor und Keilriemen des Rollers lagen offen, ich fürchtete, mit den Füßen in die Kette zu kommen. Ich hielt mich an ihm fest, spürte sein Herz, hätte ihn aus Dankbarkeit küssen können. Ich dachte an Pasolini. Der Junge würde mich erschlagen. Wir waren am Eingang des Campingplatzes angelangt: »Grazie, mille grazie.«

Er grinste, nickte und brauste davon. Lange blieb ich stehen, schlich dann zum Eingang, über den Platz. Im VW-Bus fand ich Duxi neben dem Kind. Udo und Gerolf schliefen im Zelt. Beide schnarchten. Ich legte mich zu ihren Füßen und schlief ein.

Am nächsten Morgen frühstückten wir zusammen. Meine Freunde waren stolz, auch ohne mich ein Kind behütet und geschützt zu haben. Bald darauf verließen wir die *Isola di San Pietro* und fuhren zurück in den Norden. Im großen Ganzen verstanden wir uns gut, aber manchmal war es anstrengend, Gerolf zu verstehen. Immer wenn es um Arbeit ging, verschwand er. Wir hielten es für die Marotte eines jungen Mannes aus reichem Hause. Es war wieder glühend heiß und die Windeln gingen uns aus.

Auf einmal ein lautes Geräusch und der Wagen stoppte. Einer stieg aus. »Los, lass uns das Ding von der Straße schieben.« Gott sei Dank gab es eine Parkbucht. Jana bekam eine Flasche mit Tee, sie spielte am Straßenrand. Nach kurzer Zeit kam eine Polizeistreife vorbei: »Dov'è la mamma?«

Ich antwortete, die Mutter des kleinen Mädchens sei in Deutschland. Die beiden Polizisten waren fassungslos, sie gingen um den Bus herum, sie verstanden uns nicht. Einer setzte sich auf den Fahrersitz und versuchte, den Bus zu starten. Das Geräusch wiederholte sich. Jana weinte. Der ältere Polizist schüttelte den Kopf und führte Selbstgespräche. Dann kam er zu mir, deutete auf das Kind und erklärte, was nun zu geschehen habe. Mit Händen und Füßen wurde es mir klar. Der Bus musste abgeschleppt werden. Die nächste VW-Werkstatt war in *Sassari*, dahin musste der Schrottwagen, für mich und das Kind würde er ein Auto anhalten. Ehe ich mich versah, saß ich mit Jana in einem Lieferwagen. Der Polizist hatte den Fahrer angewiesen, mich und das Kind in die Stadt zu bringen.

Der Fahrer, ein kleiner dicker Mann von etwa 50 Jahren, redete unentwegt. Schließlich gab er auf und fing an, mit einer wunderbaren Stimme sardische Volkslieder zu singen. Zwischendurch den unverkennbaren Obergesang. Jana schien das Angst zu machen, aber sie hatte den Heiligen Christophorus entdeckt, der als Plastikfigur auf der Konsole unter dem Rückspiegel festgeklebt war. Das Kind hangelte danach, packte den Heiligen und riss ihn ab, nicht ganz, an einer Ecke blieb er angeklebt und klapperte mit der Nase gegen das Plastikbord. Der Mann schaute mich entsetzt an, dann fiel sein Blick auf das Kind. Ach ja, das Kind. In Windeseile klärten sich seine Gesichtszüge auf, denn ein Kind, ein unschuldiges Kind darf man nicht schimpfen, selbst wenn es die Figur eines Heiligen flachlegt. Ich war glücklich, ich war in Italien, auf Sardinien, und mein Fahrer war ein wunderbarer Mensch mit einem großen Herzen.

Wir erreichten die Stadt. Ich wusste nicht, wo er mich absetzen würde, ich wusste nicht, wie und wann meine Freunde mit dem Bus ankommen würden, ob unser Geld reichen würde, meine Geduld und meine Kraft.

Sassari ist eine Provinzhauptstadt, die kleinen Betriebe liegen unten im Tal und oben die *Piazza Roma*. Der Fahrer setzte mich am Bahnhof ab, streichelte dem Kind übers blonde Haar. Irgendwie würde ich mich durchschlagen. Aber wohin in der Hitze? Wo könnte ich die Milch für Jana wärmen? Ich fand eine verruchte Kneipe am Bahnhof, alte Männer rauchten, tranken Bier und waren am Diskutieren. Es war eine Zeit, in der es nicht nur um Fußball ging, auch um die Zukunft, den Fischfang, den in Sassari geborenen Sarden Enrico Berlinguer und die Reichen.

Der Fremde und das Kind brachten ihnen eine Abwechslung. Normalerweise trank ich kein Bier, wenn ich mit dem Kind unterwegs war, aber die Männer schenkten mir ein, holten die Billardkugeln vom Tisch und warfen sie auf dem Boden, dem kleinen Mädchen zu. Jana rannte ihnen nach. Die bunten Bälle rollten durch die Kneipe. Für das Kind war das wunderbar nach all den heißen Stunden und es tippelte glücklich durch den Zigarettenqualm. Wo aber waren meine Freunde, das Auto, und wo vor allem, wo schliefen wir in dieser Nacht? Ich wurde unruhig. Die alten Männer hatten ein feines Gespür. Sie machten sich auch Sorgen, legten mir ihre Hände freundlich auf die Schulter.

Ich musste weiterziehen, mit dem Kind auf dem Arm. Auf den Berg hinauf an alten Palästen vorbei. Viele kleine Läden schlossen gerade ihre Rollgitter. Ich stand vor der Universität. Überall junge Studentinnen und Studenten in meinem Alter. Niemand beachtete mich. Ich war am falschen Ort. Zurück in die Vorstädte. Dort sind die Autoreparaturwerkstätten, es riecht nach Öl und Schrott, ausgediente Reifen liegen herum. Das Meer ist fern, aber die Mühsal liegt offen, die Arbeit, der Alltag sind ganz nahe. Vor einem Vordach hatten wir uns hingesetzt. Das Kind war müde, wir beide waren hungrig. Gegen Abend sah ich einen Lkw, auf dessen Ladefläche unseren Bus und ins Führerhaus gequetscht vier Männer: der Fahrer rauchend, Duxi grinsend, Udo mit nachdenklichem Gesicht und Gerolf ballte die Faust aus dem Fenster, als käme hier die Vorhut der Revolution, ach was, aller Revolutionen des 20. Jahrhunderts in Zukunft und Vergangenheit. Das Kind war gerettet. Wir lachten, die Sonne ging unter, ich war von Herzen froh.

2. Der Bandit von Siniscola (1984)

Ich mochte ihren Geruch. An Lisa haftete der Duft von Orient, Eisenerz und Henna. Ich war verliebt, konnte mir nach sieben Jahren ein Leben ohne sie nicht mehr vorstellen. Als ich zurückkam von einer langen Reise mit meinem Professor, hatte sie sich mit einem anderen Mann eingelassen und wollte mich verlassen. Ich bat sie um eine letzte Reise, bat sie, unser Kind und mich nach Sardinien zu begleiten. Ich wollte ihr die Insel zeigen, hoffte, das Kind und ich und Sardinien könnten sie umstimmen. Bitte geh nicht fort. Die sommerliche Begegnung mit Sardinien, dem Sand, dem Meer, den Sarden, das würde helfen uns zu versöhnen. Sardinien ist ein mystischer Ort, ein therapeutischer Fleck, eine Erinnerung an bessere Tage, der Wind im Schilf, der Kuss auf der Wange, der Strohhalm am Abgrund.

Wir waren von *Genua* nach *Olbia* geschippert: Unser Ziel war der Hafen auf der Westseite Sardiniens. Von außen betrachtet kann es nichts Schöneres geben: ein junges Paar mit zwei Kindern auf Reisen. Jérôme hatten wir ausgeliehen. Er war ein stilles Kind, nach dem Häuptling der Navajos benannt, im Kinderladen unserer Tochter und ihr guter Freund.

Wir hatten an Deck geschlafen. Das Schiff fuhr im Nebel in der Bucht von *Olbia* ein, der Geruch von Macchia, Thymian und Holunder legte sich über den Orient meiner Frau. Jana und Jérôme rannten wild über das Deck, schauten den Möwen zu, sprangen den Hunden hinterher, hatten Hunger auf Eis. Auf der Backbordseite des Schiffes lag die Insel *Tavolara*, ein großer viereckiger Brocken, ein Fels, ein ungedeckter Tisch. Steuerbord, in den Buchten des Nordens, lagen die Muschelbänke, fette schwarze Muscheln. Nach *Tavolara* haben die Römer im 3. Jahrhundert nach Christus die aufsässigen Christen verbannt, die Staatsfeinde abgeladen, von den Booten geworfen und verhungern lassen, wenn sie es nicht schafften, ein paar Fische zu fangen oder das verdorrte Moos zu essen. Das Meer ist hier mild und freundlich. Land und Berge schützen die Ostküste vor den Westwinden, an den Stränden gibt es kaum gefährliche Strömungen, es sei denn, der Mistral weht von Nord nach Süd und mischt die Untiefen auf. Die Küste erstreckt sich von der *Costa Smeralda,* dem *Maddalena Archipel* über *Golfo Aranci*, *Olbia*, bis zur *Costa Paradiso* und endet in der Stadt *Villasimius.*

In der linken »tageszeitung« hatte ich eine Anzeige gelesen. In dem malerischen Küstenort *Santa Lucia* betreibe eine Kooperative den Campingplatz und biete Sprachkurse an. Sollte ich mal wieder mit einer Sardin telefonieren, würde es mir nicht mehr so ergehen wie damals auf der ersten Reise, mit dem Vater der schönen Cinzia. Ich wollte auf Italienisch antworten können, und, wenn nötig, auch meine Liebe erklären: »Ti amo.«

Das Schiff legte an. *Olbia* enttäuschte uns, eine dreckige Hafenstadt, eine langweilige Einkaufsstraße, die Markthalle, nur eine Bar, allerdings mit hellbraun gebackenen *Cornettos con crema*. Die Kinder saßen am Tisch, ließen die Beine baumeln, ich war aufgeregt und schaute Lisa an. Woran sie wohl dachte?

Rasch ließen wir *Olbia* hinter uns. Der hellblaue Renault fuhr elegant die Küstenstraße entlang, vorbei an *San Teodoro* und *Budoni*. Hier hatten deutsche Sommergäste bereits in den 1970er-Jahren ihre Ferienhäuser errichtet, Siedlungen in die Felsen gebaut, Landschaften verschandelt. Wenige Kilometer weiter öffnet sich das Tal zu einer fruchtbaren Tiefebene, aus der ein Pilz, eine Stadt auf einem Hügel hervorragt, *Posada*.

Zuoberst eine Burg, enge Gassen, vor der Burg ein Lokal mit Blick über Insel und Meer. Hinter *Posada* liegt die kleine Stadt *La Caletta*, funktional, mit Hafen, Supermärkten, Ferienhäusern. Hier bekommt man alles, was man braucht: Taucherbrillen, Schnorchel, Brot, Fisch, Andenken, wenig Geschichte und keine Romantik. Das Dreieck *Posada-La Caletta-Santa Lucia* ist für Neuankömmlinge eine praktische Ecke. Nach *Caletta* erstreckt sich eine lange Sandbucht bis nach *Santa Lucia*. Dieses Dorf liegt verborgen, vier Kilometer ab von der Hauptstraße.

Wir bogen ab, fuhren durch eine schattige, vom Wind erfrischte Allee – zartes Licht, kühle Pinien – und landeten auf einem kleinen Dorfplatz: *Piazza Santa Lucia*. Ich hatte die Adresse der Ferienwohnung auf dem Wörterbuch notiert: *Alimentari Cata*, ein Dorfladen. Ein alter Mann, eine zierliche Frau, freundliche Leute, kein Wort Englisch. Die Wohnung im ersten Stock war trist, eiserne Betten, ein paar Stühle und ein Tisch aus Plastik. *Santa Lucia* ist dennoch ein Geheimtipp. Kein Hotel, eine Kapelle, zwei Läden, einer mit Kneipe. Ihre Eigentümerin, Doña Rosa, beherrschte das Dorf. Eine Carabinieri-Station schien auf den ersten Blick unbesetzt, die Carabinieri flanierten nur im Hochsommer zwischen Posten und Bar. Sardinien war arm, auch am Ende des letzten Jahrtausends. Wir waren an einem Ort, wo die Schickeria sich noch nicht eingenistet hatte. Das zeigte sich an der Ausstattung der Ferienwohnungen, aber auch darin, dass die Pizzeria das einzige Speiselokal war, für Touristen und Einwohner gleichermaßen.

Es war später Nachmittag, wir packten die Koffer aus, richteten uns ein. Das Dorf erkunden, das Meer bestaunen, bei den Wirtsleuten Lebensmittel kaufen, eingelegte Sardellen, getrocknete Tomaten und dann das Brot, das herrliche sardische Brot: Pane Carasatu ist so dünn wie Seidenpapier, trocken, salzig, in Olivenöl gebacken, in großen Kartons übereinandergelegt. Es zerbricht leicht und wenn es bricht, hat jeder Bruch die Form der Insel Sardinien. Es ist ein Zauberbrot für alle Tage.

Jana und Jérôme bekamen ein eigenes Zimmer. Die Betten knarrten, die Moskitos suchten uns heim, der Kühlschrank machte einen Höllenlärm. Ich war lange wach, blieb auf meiner Seite liegen, kein Versuch meinerseits, mich anzunähern. Eine traumlose Nacht. Kein Hahn, aber die Autos, kein Kuss, aber das Lachen der Kinder, das Rauschen des Meeres, der Geruch von frischem Kaffee. Im Sommer bestimmen die Campingplätze das Leben in *Santa Lucia.* Im Ort und am Strand waren Besucher, Touristen und Einwohner dicht gedrängt. Ein Dorf am Meer, rechts der große Pinienwald, der sich bis zum *Capo Comino* durchzieht, links die offene Sandbucht, die langsam, ganz langsam immer tiefer wird, bis man den Boden unter den Füßen verliert. Ein Ort für Kinder, für traurig Verliebte und für kleine freundliche Fische.

Wir waren am Strand entlang gegangen, auf dem Campingplatz war eine Diskothek, junge Paare eilten durch die Nacht. Die Bucht wurde von einem Fluss durchtrennt. Süßwasser fließt ins Meer, »Gib Saures für Süßes«, hatte der Heilige Franz gesagt und ich hatte lange nicht verstanden, was er damit meinte. Wir nahmen die Kinder auf den Arm, jeder von uns nahm ein kleines Menschlein und sprang mit ihm über den Fluss. Der Fluss heißt *Rio S'Abbasuora* und das heißt so viel wie »der Unwiederbringliche«. Der Junge lief fröhlich über den Sand und dann zu den Pinien hinüber. Einsam stand da ein Kaktus mit Früchten, langgezogene Bälle, grüngelb, fast gelbrot. Ehe ich ihn warnen konnte, hatte Jérôme eine Kaktusfeige in der Hand. Zuerst spürte er nichts, dann kam der Schmerz. Auch wir sahen nicht die wirkliche Gefahr, die verborgenen Stacheln, die jetzt fein und zart in seinem Händchen steckten. Jérôme weinte, zum ersten Mal auf unserer Reise, er weinte still, kein Laut. Wir versuchten, mit unseren Fingernägeln die Nadeln zu entfernen. Dutzende Verletzungen, die Hand war rot und dick, entzündlich gereizt. Wir eilten nach Hause, rannten durch das Dorf und stolperten die Treppe hoch. Wir machten uns an der zerstochenen kleinen Hand zu schaffen. Immer wenn wir meinten, wir hätten alle Dornen gezogen, fanden wir wieder neue. Jérôme machte sich Sorgen, ob er mit der geschwollenen Hand am Daumen lutschen könne, ein Vergnügen, auf dass er sich jede Nacht freute. Traurig verzichtete er darauf, denn auf keinen Fall wollte er auch noch Stacheln verschlucken. Es dauerte lange, bis beide Kinder schliefen. Wir tranken Wein, waren uns zugetan, zufriedene Urlaubseltern.

Am nächsten Morgen begann mein Sprachkurs, Lisa hatte ihn mir geschenkt. Sie hütete vormittags die Kinder und ich war frei. Ich suchte am Portal des Campingplatzes nach dem Lehrer und den anderen Schülern, traute mich nicht, an der Rezeption zu fragen. Nach kurzer Zeit erschien ein junger Mann. Er hatte blonde Haare, kam aus *Firenze* und sprach Englisch. In den Ferien unterstütze er die Kooperative. Zwei Holländerinnen kamen dazu und wir setzten uns an einen Tisch im Schatten der Bäume. Die beiden Frauen waren über 50 und hielten Händchen, das war damals in Deutschland und Italien noch wenig bekannt. Sie schienen mich zu mögen, wir lernten uns zu begrüßen und uns vorzustellen. Es war heiß, aber wir hatten keinen Leistungsdruck. Nach vier Stunden ging ich nach Hause, Lisa hatte uns Spaghetti gekocht, Jana und Jérôme waren schon wieder eingeschlafen.

»Deine Liebe zu mir, ist sie weg?« Sie nickte, traurig ihr Blick, zart eine kurze Berührung unserer Hände. Es war, als wiederhole sich ein Schmerz, den ich kannte. Wo kam er her? Wie weit kann man sich zurückerinnern? Ich spürte, dass der Schmerz in mir etwas Vertrautes weckte, das ich als Kind erlebt haben musste. Die Erkenntnis half mir, aber letztlich lag alles im Dunkel. Der Schmerz blieb. Wenn sie mich wirklich verlassen wollte, mussten wir uns der Kinder zuliebe auf Sardinien arrangieren. Ich nahm mir vor, den Nachmittag fröhlich anzugehen, weckte die Kinder aus dem Mittagsschlaf, nahm den Wasserball und wir drei gingen zum Strand. Sie wollte zu Hause bleiben und lesen. Jana lief voraus, Jérôme wollte ein Eis, also machten wir einen kleinen Umweg.

»Cornetto o coppa?«, fragte die Eisverkäuferin. Ich wählte die Waffel und merkte nach kurzer Zeit, dass das ein Fehler gewesen war. Ich musste das rasch schmelzende Eis ablecken, da die Kinder bei der Hitze mit dem Verzehr nicht nachkamen, hatte mit Ball und Eis alle Hände voll zu tun und die Wespen hatten mich gerochen. Sie summten und brummten, waren entschlossen, mich zu stechen und mir jeden Tropfen Zucker zu entreißen.

Direkt am Wasser war eine Reihe kleiner bunter Häuser, eine alte Frau saß auf einem Stuhl, sie lachte uns freundlich zu. Wir tapsten durch den Sand und fanden einen Platz in der Nähe des Flusses. Jana hatte eine Schippe gefunden und die Kinder bauten eine Burg. Ich behielt sie im Auge und ging vorsichtig ins Meer. Nach einer Weile bemerkte ich einen Fisch, der mich mit seinem Kopf an den Beinen anstieß, er war ungefähr zwanzig Zentimeter groß und wich mir nicht mehr von der Seite, ein neugieriger kleiner Fisch. Ich durfte ihn sogar berühren. Er traute mir, er blieb. Irgendwann hatte er genug und schwamm davon. Jana und Jérôme hielten zusammen wie Pech und Schwefel, es gab keinen Streit, sie teilten alles, liebten ihre Burgen und das Meer, ertrugen den juckenden Sonnenbrand, den sie bekamen, obwohl ich immer auf Sonnencreme geachtet hatte.

Später lernten wir die Familie Cata besser kennen, grüßten andere Menschen im Dorf, fanden eine Tabaccheria, machten Ausflüge in den Pinienwald. Ich wollte auch nach *Siniscola*. Die kleine Stadt sechs Kilometer vom Meer entfernt hatte in den 60er-Jahren des letzten Jahrhunderts einen Bankräuber beherbergt, den man den »Banditen von Siniscola« nannte. Das gefiel mir.

Auch Gramsci war vom frühen Banditentum Sardiniens begeistert. Der Bandit von *Florinas*, Giovanni Tolu, war bei dem Schriftsteller Sebastiano Satta zu einem großen Helden avanciert. Mehr noch begeisterte ihn Roberto Derosa. »Er ist stolz und heftig, zärtlich zu allen, die er zu seiner Familie zählt, bereit, sich für seine Freunde aufzuopfern. Er war sehr stolz darauf, kein bezahlter Killer zu sein«.[13]

Aber die Stadt *Siniscola* war eine Enttäuschung, kein Marktplatz, keine Kneipe, in die wir mit den Kindern hätten gehen können. Wir liefen die Hauptstraße auf und ab, vorbei am verschlossenen Büro der PCI, den Kindern war langweilig. Einzig ein Laden für sardische Messer blieb mir in Erinnerung: Messer aus Holz und Hirschhorn, krumm und blank geputzt, mit unterschiedlichen Klingen und mit Liebe gemacht. Die Banditen waren verschwunden, zeigten sich auch nicht den romantisierenden Touristen, die meinten, einen Anspruch auf sie zu haben. Das alles las sich noch anders in den Briefen aus dem Gefängnis von Pietro Cavallero.

> »In keiner menschlichen Handlung fehlen emotionale Momente, aber ich versichere euch, dass man meine Lebensgeschichte nicht nur unter psychologischen Aspekten begreifen darf und nicht als den Versuch hedonistischer Befriedigung. Wir müssten uns länger unterhalten können, nicht über das menschliche Abenteuer meiner Geschichte, das nur oberflächlicher Schein ist, sondern darüber, daß ihr der Charakter eines exemplarischen Lehrstücks innewohnt«.[14]

Am Abend kochte ich und wir saßen zusammen am großen Tisch, spielten ein Kinderpuzzle und Memory. Danach drehten wir eine Runde und ich hatte noch Lust auf ein Bier. Lisa stimmte zu, Jana und Jérôme bekamen Eis. Die Bar von Doña Rosa, der Dorfchefin, war neben ihrem Laden, ein offener Platz mit Tischen, darüber am Tage ein Schilfdach gegen die Sonne. Es ging uns gut und wieder spürte ich Hoffnung, sie könnten zurückkehren zu mir, die Liebe und die Frau. Am Nachbartisch ein freundlicher dicker Mann mit Partnerin und drei Kindern zwischen sieben und zwölf Jahren. Ich weiß nicht mehr, wie ich mich damals verständigte, aber wir verstanden uns. Er kam aus *Nuoro*, der eigentlichen Hauptstadt der Insel, wie er meinte, das Zentrum groß und dunkel, die Atmosphäre der Stadt stark und schwer, ich müsse hinkommen, dort sei Sardinien. Er hieß Rinaldo, war Feuerwehrmann und machte in *Santa Lucia* Urlaub. Die Feuerwehr hatte hier ein kleines Ferienhaus für ihre Mitarbeiter.

Die Frauen blieben vorsichtig im Miteinander, fast schüchtern. Lisa sprach Französisch, das reichte nicht. Beide sahen sich ähnlich, schlanke Körper, schwarze Haare, lange Nasen. Die Kinder liefen auf dem Platz umher, die große Feuerwehrtochter achtete auf den Straßenver-

---

[13] Aus dem Interview des Rechtswanwalts Sebastiano Sattas mit den Banditen Derosas, Delogu und Angius, das 1894 in der Zeitung L'Isola veröffentlicht wurde. Zitiert nach Fiori, S. 36.

[14] Pietro Cavallero: Brief aus dem Gefängnis. Kursbuch 19. Berlin 1969.

kehr. Gramsci schrieb am 7. Juli 1924, also 60 Jahre vorher an seine Frau Giulia Schucht:

> »Das Denken strengt mich an, und die Arbeit hat meine Nerven zerrüttet. Ich müsste so viele Dinge tun und schaffe es nicht. Ich denke an Dich, an das süße Gefühl meiner Liebe zu Dir, und dass Du mir nah bist, obwohl Du so weit weg bist; liebe Julka, der Gedanke an dich gibt mir Kraft. Solange wir getrennt sind, kann mein Leben nicht wieder normal werden. Meine Liebe zu Dir ist zu sehr Teil meiner selbst«.[15]

Es war spät, Rinaldo und seine Frau luden uns am nächsten Tag zum Essen ein. *Santa Lucia* ist mir vertraut und doch fremd geblieben. Es ist verborgen hinter der Allee, es hat keine architektonische Besonderheit, hat aber alles: Wald und See, eine kleine Promenade, einen großen Strand, drei kleine Plätze mitten im Dorf, mit Bänken und Schatten. Später würden Maria und Giorgio dorthin kommen und die Pizzeria »Mamma mia« eröffnen, eine Legende für viele Touristen. Zu teuer. Götz George kam oft hierher und fühlte sich wohl. Sein Bild hängt bis heute im Lokal. Traurig blickt er uns an. Die Sarden, wenn sie Banditen sind, und das sind die wenigsten, sind Gesetzesbrecher, denen ein Kommissar Schimanski nicht böse sein kann, weil er ihre Ehrlichkeit liebt. George ist Sarde geworden. Es gibt viele Möglichkeiten den Vätern zu entfliehen.

In der Nacht wurde Jana wach und kam in unser Bett gekrochen. Sie hatte geweint. Jérôme schlief, sein Gleichmut machte mir Angst. Hatte ich etwas übersehen, einen Wunsch, Trauer, Heimweh? Heute ist er Geschäftsführer einer Druckerei und erfolgreich.

Orgosolo – Stadt der Banditen

Nachdem wir in *Siniscola* nicht das Glück gehabt hatten, auf Banditen zu treffen, entschlossen wir uns, in die Berge, die *Barbagia*, nach *Orgosolo* zu fahren. In einem großen Bogen führte die zweite sardische Autobahn von *Olbia* über *Nuoro*, zum Abzweig der 131er und dann über Serpentinen in die Berge.

Bereits damals hatten sich die Banditen zurückgezogen und *Orgosolo* war ein Ort für Banditentourismus. Es war die Hölle für die Bewohner. Busse mit »Sight Seeing Touristen« wurden auf der Piazza am Ende der Stadt abgesetzt, alle darauf erpicht, hautnah unter Banditenfamilien sein zu können. Alles wurde fotografiert, denn die in Samt gekleideten alten Männer könnten ja Gangster sein, die alten Frauen auf dem Weg zum Kirchgang ihre Geliebten. Es fällt schwer, *Orgosolo* anderen Men-

[15] Zitiert nach Fiori, S. 176.

schen nicht zu empfehlen, denn die Stadt bietet ein Bildermeer. Ein Museum der Wandmalerei, ein Geschichtsunterricht auf Häuserwänden.

Aber sie schützt sich, ist bis heute Touristen gegenüber verschlossen. Den fremden Menschen, die durch die Straßen ziehen, begegnet nur selten ein Lächeln, nehmen wir einmal die Händler aus, die am Tourismus verdienen.

Die ersten »Murales« wurden 1968 von der anarchistischen Gruppe Dyonisio in *Orgosolo* gezeichnet. Nachdem er den Film *Banditi a Orgosolo* gesehen hatte, ließ sich der Zeichenlehrer Francesco del Casino aus *Siena* in *Orgosolo* nieder und begann, mit Schülern Bilder an die Wände der Häuser zu malen. Anfangs war die Dorfbevölkerung skeptisch, aber als die Leute sahen, wie aus *Orgosolo* ein buntes Dorf wurde, das seine Geschichte an den Häuserwänden erzählt, begannen viele die Kunst des Malens zu entdecken. Casino stand der PCI nahe, 1975 war die Zeit der ersten großen Niederlage der politischen Linken auf dem Festland. Aber die Sarden waren offen für eine kulturelle Revolution.

Anlass für die ersten Bilder war der 30. Jahrestag des Partisanenkampfes gegen den Faschismus. Die Murales, die nie pittoresk, vielmehr anklagend sein wollten, erzählen die Geschichte der unterdrückten Klassen und Völker. In unterschiedlichen Stilen, aber es erinnert doch an die Wandmalereien in Lateinamerika, in Chile, oder an Malereien von Diego Rivera und Frida Kahlo. Bäuerinnen aus dem 18. Jahrhundert blicken uns an, Kinder des Vietnamkrieges bitten um Hilfe, Che Guevara und Sophie Scholl, Ulrike Meinhof oder Antonio Gramsci erinnern uns daran, was sie für uns, für eine demokratische Gesellschaft auf sich genommen haben. Aber auch Bilder von Schafen und Landschaften, von Polizisten und Großgrundbesitzern wecken unsere Sinne und Neugier. Was davon sollten unsere vierjährigen Kinder verstehen? Oh, sie verstehen mehr, als wir denken, und natürlich bekamen sie Eis. Wir gingen in die Bar »Tue non ses Amiu« an der *Piazza Caduti*. Lisa schaute sich um, bestellte einen Espresso. Als ich an der Theke die Tasse entgegennehmen wollte, legte ein Mann seine Hand auf meine Schulter.

»Ich war in Frankfurt bei Opel Rüsselsheim«, sagte er, »revolutionärer Kampf.« Ich traute meinen Ohren nicht, es war, als wäre ich nach Hause gekommen, natürlich kannte ich auch einige von den Spontis, die in Rüsselsheim in die Betriebe gegangen waren. Joschka Fischer soll darunter gewesen sein, aber der Sarde und ich hielten das schon damals für eine Legende. »Joschka war ein Arschloch, der wollte immer nur Chef sein«, sagte der Sarde. Später stellte sich heraus, er hatte recht.

Ich umarmte den großen schlanken Mann und schon hatte ich drei Gläser Rotwein getrunken. Lisa saß da wie eine Königin, dunkle lange Haare, eine große Nase, sie glich immer mehr einer Griechin, jedenfalls einer Frau des Mittelmeers. Die Kinder schleckten Eis. Wir zwei Männer träumten von der Revolution. Auf dem Platz vor der Bar kamen

Busse mit Deutschen, Engländern und Franzosen an. Touristen fielen aus den hydraulischen Türen, besetzten den Platz, das Dorf mit lauten Stimmen und Fotoapparaten um den Hals. Eine blasse Engländerin verirrte sich in unsere Bar, stellte sich an die Theke und schaute uns an, dann erkannte sie in mir den typischen Sarden. Sie hatte keinen Zweifel, dass ich Sarde war. Sie schüttelte ihr langes rotes Haar und bestellte Wein. Mir gefiel das Spiel und ich machte mit.

»Could you tell me something about the bandits of *Orgosolo*?« »Si, sono uno e noi siamo una compagnia come il gruppo di Robin Hood.« Schlechtes Italienisch, aber dass ich erklärte, ein Bandit wie Robin Hood zu sein, ließ sie niedersinken, sie war hingerissen. Sie würde die Einzige sein, die in den wenigen Minuten mit richtigen Sarden gesprochen und sie auch verstanden hatte. Ich bestellte eine Lokalrunde auf ihre Kosten, erklärte ihr eines der Wandgemälde auf der anderen Straßenseite. Wir stellten uns ins Freie, die nächste Runde folgte und unter dem Applaus der *Orgosolaner* verließ die Frau, nachdem sie unsere Zeche beglichen hatte, freudestrahlend die Bar.

Die Richterin von Posada

Man kann von *Santa Lucia* nicht sprechen, ohne an die Berge zu denken. Der Weg von *Santa Lucia* nach *Posada* ist nicht weit. Man fährt etwa zehn Kilometer der Bucht entlang, über *La Caletta*. Von dort gibt es viele geheime Wege, aber auch den offiziellen entlang der SP 24. Ich kannte die Stadt von meiner ersten Reise, aber wir wollten jetzt genauer hinschauen. Natürlich gibt es das neue und das alte Dorf, unten die Supermärkte, eine Tankstelle, einen betonierten Platz vor dem Rathaus. Es gibt eine von Schilf gesäumte Straße zum Strand und es gibt den Berg und die Burg, die engen Gassen und oben ein kleiner Platz mit dem Hotel Sa Rocca. Die Ortschaft ist an den Flanken eines steilen Felsbrockens errichtet, der mitten in der landwirtschaftlich genutzten Ebene liegt, die der Fluss Posada durchschneidet. Ihren Ursprung nahm die Stadt mit einer ausgedehnten Burg, die im 14. Jahrhundert erstmals schriftlich erwähnt wird, aber deutlich älter ist. Die Burg trägt den kuriosen Namen Saubohnenburg (*Castello della Fava*) und die Geschichte geht auf eine Belagerung durch die Sarazenen zurück. Im 13. Jahrhundert wollten sie die dort eingeschlossenen Sarden aushungern. Diese aber ersannen eine List. Sie verfütterten die letzten Lebensmittel an eine Taube, verletzten diese leicht und ließen sie fliegen. Sie kam nicht weit und ging im Feldlager der Sarazenen nieder. Die Belagerer schlussfolgerten, dass die Eingeschlossenen über Nahrung im Überfluss verfügten, so dass sie noch Tauben mästen und füttern konnten. Mit dieser Erkenntnis gaben sie die Belagerung auf, zogen vom Berg ab, zurück zu ihren Schiffen, alles unter dem Gelächter der überlebenden Schlitzohren.

Die Burg wurde später zu einer Heimstatt der Eleonora von Arborea,[16] einer Utopistin, die zugleich Realpolitikerin war. Sie entwarf einen Gesetzeskodex, La Carta de Logu, der für ganz Sardinien bis in das Jahr 1827 galt und die Sing- und Greifvögel der Insel unter ihren Schutz stellte. Eleonora ließ auf der Burg eine ornithologische Station für Falken errichten. Die *Carta de Logu* überlebte bis zum Ende des Reiches Aragon und der sardischen Judikate und blieb auch in spanischer und savoyischer Epoche in Kraft bis zur Erlassung des Codex Karl Felix im April 1827. Das Dokument ist nicht im Original erhalten: Wir kennen den Text aus zwei relativ späten Fassungen: Eine Handschrift aus dem 15. Jahrhundert, die heute in der Universitätsbibliothek von Cagliari aufbewahrt wird, sowie ein Wiegendruck ohne Frontispiz und Kolophon, der jedoch auf das Ende des 15. Jahrhunderts datiert wird.[17]

Der Eigentümer des Hotel Sa Rocca, ein fröhlicher Sarde, dem auch der Campingplatz gehörte, kannte alle Geschichten der schönen Richterin, die auf *Posada* allerdings nur selten gesehen worden war. Einmal habe ich mit Rinaldo dort ein Bier getrunken. Es gibt ein Gruppenfoto am Strand, die Feuerwehrfamilie, die Kinder und ich. Es ist das schönste Bild von mir und den Kindern, ich war schlank wie selten zuvor, lange Haare, braun gebrannt. Auf keinem anderen Foto habe ich mir besser gefallen als auf diesem Sardinienbild. Der Abend bei der Familie aus *Nuoro* war fröhlich, Gebäck, sardische Ravioli, Lamm und schwerer Rotwein. Neben dem *Cannonau* gibt es noch andere Rebsorten: *Carignano* und *sardischer Sauvignon*. Alles war auf dem Tisch. Die Gastfreundschaft der Sarden ist grenzenlos. Wir blieben lange und dann hatten wir eine letzte wilde Nacht, Lisa und ich.

Mein Sprachkurs ging zu Ende. Lisa war braungebrannt und begehrenswert. Plötzlich begann mein Gesicht zu jucken, die Schläfe schwoll an, kleine Pickel, rote Haut, unaushaltbar, unerklärlich. Ich mied die Sonne und blieb bei der Wirtin unter dem Schilf sitzen, kühlte mit Eis und nahm ein Antihistamin. Nichts half, mich überkam Panik. Ich trank Espresso und Wasser und Rinaldo kam vorbei: »Dov'è un medico?« »Non so.« Bei ihm war der Rücken voller Blasen und auch ihn plagte ein unaushaltbares Jucken. Wir waren beide übermütig gewesen am Morgen zuvor, hatten viel zu lange in der Sonne gelegen.

Wir blieben im Schatten und tranken, es half wenig, aber den Kummer wollten wir überwinden. Meinen kannte ich, seiner lag länger zu-

---

[16] Eleonora von Arborea (1350–1404) war in der Periode der sardischen Judikate ab 1383 Herrscherin über Sardinien, Cagliari und Alghero ausgenommen. Sie gilt als Volksheldin der Insel.

[17] Leopoldo Ortu: Storia della Sardegna. Dal Medioevo all'Età contemporanea. Cagliari 2011.

rück und im Übrigen in der sardischen Melancholie verborgen. Den Gastwirten und Ladenbesitzern, den Fischern in *Santa Lucia* war das egal. Wir waren Gäste nur für kurze Zeit, gleichgültig, ob aus *Nuoro* in der *Barbagia* oder *Gießen* an der *Lahn.* Die Frauen waren mit den Kindern am Meer, die traditionelle Familienaufteilung schien zumindest an diesem Tag uns Männern gut zu tun.

Am Nachmittag nahmen Schmerz und Juckreiz zu und wir - oder besser ich – entschlossen uns, zurück nach Deutschland zu fahren. Ich wollte zum Hautarzt, ich wollte Cortison. Ich hätte all das auch auf Sardinien haben können, aber unsere Zeit ging zu Ende.

In der Nacht kam Lisa unter meine Decke, sie berührte mich, ich vergaß mein Gesicht. »Meine Liebe zu Dir ist zu sehr Teil meiner selbst, als dass ich mich ohne Dich normal fühlen könnte«, beendete Gramsci seinen zuvor erwähnten Brief an Giulia Schucht. Es war das letzte Mal, dass wir miteinander zärtlich waren.

Die Fähre verließ den Hafen mit einem lauten Hornsignal, *Olbia* lag hinter uns und *La Tavolara* jetzt auf der Steuerbordseite. Beim nächsten Mal würde ich die *Tavolara* besuchen, es hieß, ein Eremit lebe dort. Vielleicht würden wir uns verstehen und ich könnte zu ihm ziehen.

Es wurde dunkel. Himmel und Meer verbanden sich. Ich holte mir ein Bier. Jana wollte Eis und Jérôme eine »Crêpe Suzette«. Sie bekamen alles und ahnten viel. Lisa rauchte, sie sah aus wie eine Französin in einem Film von Truffaut. Noch immer erhob sich Sardinien hinter uns aus dem Meer. Ich würde wieder kommen. Wir bestellten eine Flasche Cannonau und tranken auf die Sarden und das Leben ohneeinander. Der kühle Wind tat gut. Die Haut entspannte sich. Später brachten wir die Kinder in die Kajüte. Wir hatten eine Kabine genommen, wir waren eine Familie, wenn auch nur auf Zeit. Wir lasen den beiden Kindern Geschichten vor und wir hatten Spaß.

In Gießen ließ ich mir einen Termin beim Facharzt für Haut- und Geschlechtskrankheiten geben. Er betrachtete mein Gesicht. »Na, wenn das mal später keinen Hautkrebs gibt.« Ich widersprach. Dann gab er mir eine Cortison-Spritze, der Juckreiz nahm ab.

»Der Nächste bitte.«

3. Die Würmer, der Käse und das Meer (1986)

An der Universität Gießen hatte ein griechischer Dozent ein Seminar über Antonio Gramsci angeboten. Er berief sich auf den Engländer Perry Anderson, der die Gemeinsamkeiten zwischen Trotzki und Gramsci auslotete. Heute interessiert das niemanden mehr. Es ging um die Frage, wie man zusammenarbeiten soll, wie die verschiedenen politischen Gruppen und Parteien zueinanderkämen, solidarisch, nicht zerfleischend. Heute wissen wir, dass es für die KPD und die SPD tödlich war, keinen gemeinsamen Kampf gegen die Faschisten geführt zu haben. Damals in den 1970er- und 80er-Jahren waren an den Hochschulen die linken Gruppen bis aufs Messer zerstritten und in Italien bekämpften sich ebenso Maoisten und Moskautreue, Spontaneisten und Trotzkisten. Gramsci hatte dazu eine andere Einstellung; ihm war die Einheit das Wichtigste. Perry Anderson beschreibt dies wie folgt:

> »Denn auf dem Höhepunkt der Dritten Periode, 1932, entwickelten Gramsci – im Gefängnis von Turi di Bari – und Trotzki – auf der Insel Prinkipo – letztlich identische Positionen zur politischen Situation in Italien, die in diametralem Gegensatz zur offiziellen Linie der PCI und der Komintern standen. Der Gefangene wie der Exilierte riefen zum Zweck des Widerstandes der Arbeiterklasse gegen den Faschismus gleichermaßen nach der Einheitsfront, die auch die sozialdemokratischen Parteien umfassen sollte, und nach einer Perspektive des Übergangs, die in Italien die Möglichkeit einer Restauration der bürgerlichen Demokratie nach dem Fall des Faschismus in Rechnung stellen sollte.«[18]

Mein Kommilitone Frank war fasziniert von Gramscis Philosophie. Gramsci war einer der ersten, der den Begriff der Zivilgesellschaft ge-

[18] Perry Anderson: Antonio Gramsci. Eine kritische Würdigung. Berlin 1979, S. 102.

prägt hat und im Konflikt zwischen Zwang und Konsens auf Lösungsmodelle setzte.

> »Die ›normale‹ Ausübung der Hegemonie auf dem klassisch gewordenen Feld des parlamentarischen Regimes zeichnet sich durch eine Kombination von Zwang und Konsens aus, die sich die Waage halten, ohne das der Zwang den Konsens zu sehr überwiegt, sondern im Gegenteil vom Konsens der Mehrheit, wie er in den sogenannten Organen der öffentlichen Meinung zum Ausdruck kommt, getragen erscheint.«[19]

Frank war ein schneller Denker. Die induktive Methode, das Konkrete unter das Abstrakte zu packen, was Juristen täglich tun, war sein Handwerk. Subsumtion und Rechtsfindung lagen ihm. In unserer juristischen Lerngruppe hatte er Geduld mit langsamen Denkern wie mir. Vielleicht fehlte ihm die Radikalität der frühen Jahre. Er war Soldat und Arbeiterkind, wollte Gerechtigkeit, war kein Melancholiker. Ein weichgespülter Sozialdemokrat, wie ich manchmal dachte. Sardinien könnte ihn heilen, die Berge sollten die Traurigkeit wecken, die Gewissheit beseitigen, dass alles möglich sei. Ich suchte seine Nähe, seine Zuversicht, seine Haltung war offen und klar. Gramscis Theorie von der Kulturellen Hegemonie entsprach seinem Verständnis von gesellschaftlicher Entwicklung.

Eine neue Reisegruppe war entstanden und unser Ziel war der Norden von Sardinien. Die Gruppe war bunt und jung. Jana ging noch zur Grundschule, Bahriye war die zwölfjährige Tochter einer türkischen Freundin. Sie war mitten in der Pubertät, vermisste ihren Vater, der im Gefängnis saß. Claus studierte Jura, während Angelika, die Freundin von Frank, schon an einer Sonderschule unterrichtete. Frank und ich waren am Landgericht Frankfurt zur Ausbildung. Er war Referendar bei einer strengen, älteren Richterin und ich bei einer kühlen, blonden Frau, die mit meinen Beweisaufnahmen nie zufrieden war. Ich war stolz, diese bunte Gruppe mit nach Sardinien führen zu können. Wir starteten im Hafen von *Porto Torres*. Die Landstraße führt am Meer entlang, später entfernt sie sich von der Küste. Hinter *Castelsardo* sollte die Straße zu dem Bauernhof von Arturo führen.

Arturo züchtete Würmer und lebte bei seiner Mutter, weitab in den Bergen des sardischen Nordens. Die Tiere krabbelten in riesigen Betonbecken durch Laub, Torf und frische Erde, sie sollten den steinigen Boden auflockern und dadurch das Land fruchtbar machen. Das Projekt war seine Passion, kein Geschäft. Nebenher vermietete er Ferienwohnungen auf dem Bauernhof: Agriturismo sollte seit Ende der 1970er-Jahre den Landwirten eine zusätzliche Einnahmequelle erschließen. Die

---

[19] Antonio Gramsci: Gefängnishefte, Band 1, Heft 1, Hamburg 1991, S. 120.

Regierung vergab Kredite, damit die Bauern einige Stuben zu Ferienzimmern oder Wohnungen ausbauen konnten.

Bis heute ist die *Gallura* dünn besiedelt, Granit und riesige Felsblöcke liegen verstreut auf Feldern und Wiesen. Sie sehen aus wie Elefanten oder fliegende Untertassen. Auch die *Costa Smeralda*, die Hotels der Reichen, gehören zur *Gallura*. Die steinernen Elefanten wollen mit den Edeltouristen vom Kontinent nichts zu tun haben. Eines dieser Flugobjekte liegt mitten in der Stadt *Arzachena*. Von einer Seite sieht es aus wie ein Saurier, aber man darf sich nicht täuschen lassen. Steigt man darauf oder steigt man ein: flugs ist es weggeflogen. Das Ding wartet darauf, dass reiche Touristen einsteigen, um zu einem vermeintlichen Sonderpreis zu den Planeten zu fliegen und dort zu zerschellen. Es gibt Rückfahrkarten, aber die sind gefälscht. Wenn die Reichen vom Festland abgehoben haben, beginnt die Revolution und die Villen werden unter den Familien der Schäfer verteilt. Die Stadt *Arzachena* hat ein Museum mit abenteuerlichen Geschichten, die an den Wänden und auf Schränken erzählt werden, sogar übersetzt in die englische Sprache.

Zur Kirche führt eine buntbemalte Treppe. Geht man auf sie zu, bläst einem der Wind wild und hart ins Gesicht. Die Menschen, die hier leben, weitab vom Meer, haben mit den Meersarden nichts gemein. Vermutlich sind sie vom Himmel gefallen. Arturo ist so einer, ein Träumer mit Arbeiterhänden. Sein Hof liegt weitab, in der *Anglona*, das ist das kleine Stück Land westlich der *Gallura*. Die Hauptstadt heißt *Castelsardo*. Aber das wissen nur die Sarden, denn ob es überhaupt eine Hauptstadt auf Sardinien gibt, ist höchst umstritten. *Cagliari* ist nur eine Fiktion und *Nuoro* bleibt ein Räubernest.

Castelsardo liegt auf einem Berg, schon von weitem vermutet man ein Märchenschloss zwischen den zackigen Felsen. Von drei Seiten umspült das Meer die genuesische Burg. Errichtet wurde sie vom genuesischen Adelsgeschlecht der Doria im 12. Jahrhundert. Ich ertappe mich dabei, wie ich versuche, Geschichte zu erzählen, als würde ich Brechts Gedicht vom »siebentorigen Theben« nicht kennen. Gebaut wurde die Burg durch die Bauern und Leibeigenen, damit die Dorias den Schiffsverkehr zwischen Spanien und Italien kontrollieren konnten. Erobert haben die Burg dann die Spanier im Jahre 1438 und nannten sie *»Castel Aragonese«*. Erst die Piemontesen nannten die Stadt und das Fort *Castelsardo.*[20]

Man kann wählen, ob man die *Via Nazionale* hinauffahren will oder die steile Treppengasse zu Fuß erklimmt. Licht und Rauch, Wolken und der Geruch des Meeres hüllen den mittelalterlichen Ort ein.

Es war Karfreitag. Wir ließen die Autos stehen, stiegen unter leisem Fluchen der beiden Mädchen den Berg hinauf, durch enge Gassen und kühle Winkel. Bunte Häuser, manche kaum einen Meter breit, oben die

---

[20] Ausführlich beschreibt es Eberhard Fohrer: Sardinien. Erlangen 2024, S. 139.

Kirche, was sage ich, die Kathedrale *Sant'Antonio Abate*. Wir öffneten das Tor und gerieten mitten in einen Gottesdienst. Drinnen wurde gebetet, draußen standen Männer, rauchten, palaverten, gingen ein und aus. Ein Bischof saß auf einem Thron, es roch nach Weihrauch, Gott war irgendwo dazwischen. Männer und Frauen, Alte und Junge in Trachten und später unter Kapuzen.

Das war ein Verhältnis zu Gott und zur Kirche, wie es uns gefiel. Frei und locker, geschwätzig und still. Ein wildes Leben, es brauchte nicht viel dazu: Oliven, Wein, Zigaretten, schöne Männer wie Frauen, ein bisschen Rebellion, vielleicht Käse oder Mirto, den sardischen Kräuterlikör.

Gramscis Auseinandersetzung mit Religion ist vielfältig, im Grunde eher an der Form orientiert und der Frage, was die Menschen brauchen, um ihren Alltag erträglich zu machen. Welche Gesellschaft kann auskommen ohne Rituale, Feste, Spiel und Tanz? Jan Rehmann erkennt, dass Gramscis Auseinandersetzung mit Religion an der Frage der Handlungsfähigkeit der Beherrschten ansetzt und sich mit Marx sicher war, dass die Religion natürlich widersprüchlich, sprich affirmativ, aber auch rebellisch wirken kann.[21] Anne Steckner beschreibt Gramscis Haltung:

> »Wenngleich Gramsci den idealistischen Philosophen in der Tradition Benedetto Croces intellektuelle Elfenbeinturm-Akrobatik vorwirft, so stellt er zugleich fest, dass auch Croce sich für die gesellschaftlichen Bedingungen von Befreiung interessierte und der Religion darin einige Aufmerksamkeit widmete. Anschließend an Marx' Thesen über Feuerbach wirft Croce die Frage auf, ob es möglich sei, religiöse Weltauffassungen zu überwinden, ohne augenblicklich für Ersatz zu sorgen, für eine substituierende ›Droge‹. Seine Antwort ist eindeutig: Man könne, so Croce, ›die Religion dem Mann aus dem Volk nicht entreißen, ohne sie sogleich durch etwas zu ersetzen, das dieselben Bedürfnisse befriedigt, durch welche die Religion sich gebildet hat und noch fortbesteht‹ (H 7, §1: 860; H 10.II, §41.I: 1303). Gramsci scheint diese Frage sehr zu beschäftigten, da er Croce hierzu an mehreren Stellen der Gefängnishefte zitiert. ›Es ist etwas Wahres an dieser Aussage, aber ist sie nicht auch ein Eingeständnis der Unfähigkeit der idealistischen Philosophie, eine integrale Weltauffassung zu werden?‹ (ebd.) Worin besteht diese Unfähigkeit? Croce bleibt Gramsci zufolge an dem Punkt stehen, wo es gilt, die den herrschenden Verhältnissen geschuldeten Bedürfnisse der Subalternen ersatzweise durch etwas anderes als Religion zu befriedigen. Dieses Andere mag zwar weniger ›borniert‹ und ›rückständig‹ sein, rüttelt aber nicht an den gesellschaftlichen Bedingungen, welche die Religion in

[21] Jan Rehmann: Gramsci und die Religionsfrage. In: Widerspruch 21/1991, S. 179ff.

Ostermontagsprozession in Tergu (südlich von Castelsardo)

ihren Funktionen als Herrschaftsinstrument, Trostspender, Lebenspraxis oder Alltagsrationalität überhaupt erst notwendig machen.«[22]

Jetzt aber wurde es ernst, die Kirchentür flog auf und es war, als hätte der Ku-Klux-Klan die Regie übernommen. Männer in weißen Kutten, tiefhängende Kapuzen über dem Kopf, der Bischof, Kerzen und Weihrauch, dazwischen kleine zarte Mädchen in festlichen Gewändern. Es hatte etwas Unheimliches und für unsere protestantischen Seelen war es, als würden die Jungfrauen zum Scheiterhaufen geführt. Das Volk lief hinterdrein und wir waren dabei. Aber nichts wird so heiß gegessen, wie es gekocht wird, oder wie ein sardisches Sprichwort sagt: »Chen'e dinai no si càntat missa«.

Mit der Zeit verlor der Passionszug seinen Schrecken, die Kapuzenmänner waren keine Rassisten und die Mädchen wurden in Ruhe gelassen. Aber diese Manifestation hatte eine unglaubliche Kraft. Wir waren Zuschauer und hatten keinen Zugang zu diesem Ritual. Am Fuße des Berges von *Castelsardo* angekommen, verließen wir die Prozession und suchten nach unserem Ziel, unserem Ferienhaus. Wo war die Würmerfarm? Ein Blick zurück zum kirchlichen Treiben, aber die Zeit drängte.

Es sollte nahe am Meer sein, was sich alle Touristen wünschen, und so war es auch. Wir fuhren über Feldwege und steinige Pisten, wir kamen

[22] Anne Steckner: Gramscis Auseinandersetzung mit Religion im Spannungsfeld von Unterwerfung und Widerständigkeit. In: grundrisse. zeitschrift für linke theorie & debatte 44/2012; www.grundrisse.net/grundrisse44/Antonio_Gramsci_Religion.htm (1.7.2024); sie zitiert aus Heft 7 (Band 4) und Heft 10 (Band 6) der Argument-Ausgabe der Gefängnishefte.

vorbei an Granitfelsen und Schafen, an kleinen Kirchen und düster blickenden Hirten, irgendwo in der Ferne war der *Roccia dell'elefante*. Wir entfernten uns wieder vom Meer. Irgendwann erreichten wir Arturos Hof, oben in den Bergen, das Meer unerreichbar unter uns, dazwischen Felswände, Täler, aber keine Straße. Der Hof bestand aus mehreren Gebäuden und einer Höhle im Felsen, dazwischen riesige Gesteinshaufen. Wir kamen in einer kleinen Hütte unter, hatten drei Zimmer, eines für die Mädchen, das andere für das junge Paar und ein Doppelbett für Claus und mich. Aber wo waren wir hier? Ich sah die Enttäuschung in den Gesichtern der anderen. Ich hatte versagt. Sie sollten glücklich sein. Im Sand spielen. Muscheln sammeln. Wein trinken und über den Kommunismus reden.

Sicher, Arturo war ein herzensguter Mensch, der noch bei seiner Mutter lebte. Die Macht der Mütter auf Sardinien und die große Selbstständigkeit der Frauen seit dem 19. Jahrhundert, in dem die Transhumanz dazu führte, dass die Frauen alle Alltagsgeschäfte besorgten und handlungsfähig waren, während die Hirten über Land zogen, darf nicht darüber hinwegtäuschen, dass jeden Tag mindestens vier Frauen auf Sardinien Gewalt von Männern erleiden.

Arturo zeigte uns seine Würmer, die er an andere Bauernhöfe für kleines Geld verkaufen wollte. Wie viele Würmer braucht es, um in einem Jahr einen Kubikmeter Erde zu fruchtbarem Land zu machen? Arturo wusste es nicht und wir ebenso wenig. Die Mutter schloss uns ins Herz. Bei jeder Gelegenheit kniff sie Jana in die Backe, bis ihr die Tränen kamen. Wir waren Gefangene der sardischen Freundlichkeit, der Macht der Mütter über die Söhne. Wir wollten ans Meer und manchmal flohen wir auf unüberwindbaren Pfaden an die Küste.

Wir besuchten Freunde und Verwandte von Arturo, die er seit Jahren nicht mehr gesehen hatte, die uns die gesamte sardische Geschichte erzählten. Die Galluren sprechen kein sardisch, sie sprechen einen italienischen Dialekt, sie kommen aus dem Norden, aus dem heutigen Korsika. Wir verstanden fast nichts. Von den anderen Sarden unterscheidet sie auch, dass sie nicht gerne zwischen Arbeit und Wohnen trennen. Daher gibt es nirgendwo auf Sardinien solche Einsiedlerhöfe wie den von Arturo und seiner Mutter. Normalerweise wohnen die Bauern in den Dörfern und gehen zur Arbeit hinaus auf die Felder. In der *Gallura* leben die Menschen neben ihren Feldern, Wohnen und Arbeit sind nahe beieinander.

An Ostern, beim Lammbraten in den Bergen, sahen wir, wie Pecorino gemacht und wie Käse vergraben und nach Monaten, ja nach Jahren wieder ausgegraben wird. Wir stiegen durch die Felslandschaften und pickten mit Nadeln Schnecken auf, die man roh verspeisen konnte. Ich war streng zu den Mädchen, schimpfte wegen Kleinigkeiten und weiß bis heute nicht, warum. Claus wies mich zurecht, Frank lächelte verständnisvoll. Ich hatte ein schlechtes Gewissen, meine Freunde in die Einsamkeit geführt zu haben, in ein Sardinien ohne Meer zum Reinspringen, die Wellen nur von weitem im Blick.

An einem Abend erzählte uns die Mutter Geschichten von ihrer Hochzeit, dem Tod ihres Mannes und dem Recht der ersten Nacht. Aber das sei nicht von den Sarden gekommen, betonte sie, die Genuesen, die Besatzer aus dem Piemont, hätten sich die schönsten Frauen genommen, bevor diese selbst mit ihren frisch angetrauten Männern hätten schlafen dürfen. Da ich weder gut Italienisch, geschweige denn Sardisch konnte, war das meine Interpretation und vielleicht hatte ich nicht alles richtig verstanden.

Abgesehen von dieser schrecklichen Geschichte männlicher Herrschaft waren alle zufrieden. Jana und Bahriye liebten all die Nudelsorten und Frank liebte es, den Käse, aus dem von Zeit zu Zeit die Würmer krochen, mit einem scharfen sardischen Messer zu bearbeiten. Er schnitzte Käsebrocken, rieb sie ab und verspeiste sie in winzigen Mengen.

Jana schaute den Kälbchen zu, Claus musste sich auf eine juristische Prüfung vorbereiten und Bahriye war traurig. Wir waren meist auf der Hochebene gefangen, konnten auf das Meer und über die Insel schauen, andere sardische Städte und Strände schienen unerreichbar. Irgendwann wurde uns das Leben auf dem Hof zu eng und wir suchten nach einem Vorwand abzureisen. Wir gaben vor, dass unser Schiff früher auslaufen würde und wir noch unbedingt das Haus des Antonio Gramsci besuchen müssten. Für Arturo war es kein Problem, seine Mutter und der Cousin, der ebenfalls auf dem Hof wohnte, wurden traurig. Nach einem Abendessen mit hausgemachter Pasta und Wildschwein, viel Rotwein, nahmen sie uns der Reihe nach in den Arm. Später tanzten wir noch um ein Feuer und am nächsten Morgen winkten sie uns hinterher, während wir in einer Staubwolke verschwanden.

Als wir die alte Nationalstraße 129 erreicht hatten, erzählte ich Jana alte Geschichten, von damals, als das Auto seinen Geist aufgegeben hatte und sie noch ganz klein war. Aber wie das bei Kindern so ist, wenn ihre Eltern von früher erzählen, war sie nur wenig beeindruckt. Aber als sie hörte, dass ich sie einen ganzen Tag bei den anderen drei Männern allein gelassen hatte, empörte sie sich. Der Weg zum Haus von Nino Gramsci hatte sich verändert, es führten Wegweiser zur »Casa Museo di Antonio Gramsci« und am Haus war ein Schild angebracht. Der Flur weiß und kahl, gleich rechts ein Zimmer mit Bildern über seine Kindheit, dahinter ein kleines Büro mit Büchern aus aller Welt über ihn und im ersten Stock das Schlafzimmer seiner Eltern, Dokumente, seine Brille, die Totenmaske. Dieses Mal blieben wir länger, Frank, Waltraut und Claus lasen andächtig die Auszüge aus seinen Briefen.

Ich ging mit den beiden Mädchen in den Garten und wir bekamen eine Limo. Wir waren lange allein in dem Haus mit einer jungen Studentin aus Rom, die im Sommer das Andenken Gramscis pflegte und unentgeltlich das Haus bewachte. Gramscis Brille war noch ganz, in der kleinen Bibliothek waren neue Bücher dazu gekommen. Bahriye, die Unauffällige, setzte sich in eine Ecke und las leise vor sich hin, ein in die türkische Sprache übersetztes Buch von Antonio Gramsci. Sie knabberte an ihren Fingernägeln und ich machte mir Sorgen, ob ich mich auch genug um sie kümmerte. Claus nahm sie in Schutz, wenn ich ungerecht war.

Wir verließen Ninos Haus und suchten in *Ghilarza* nach einer »Nudelmaschine«, in die man oben den Teig reinsteckte und mit einer Kurbel dafür sorgte, dass unten Spaghetti oder Makkaroni herauskamen. Wir fühlten uns freier, nachdem wir den Bauernhof verlassen hatten. Wir hatten zu spüren bekommen, wie eng und behütend, aber auch wie beherrschend so eine sardische Familie sein konnte. Wir waren ein bunter Haufen, eine Ferienfamilie, ein Mittel gegen die Einsamkeit, wir suchten nach neuen Lebensformen, dazu gehörte auch der Sozialismus und die Liebe, die Gramsci einem in seinen Texten entgegenbrachte.

Die letzten Tage wollten wir in *Oristano* verbringen. Wir suchten nach einem kleinen Hotel, aßen abends in unterschiedlichen Trattorien oder Pizzerien und fuhren endlich nach *Santa Catarina di Pittinuri* ans Meer. Es war zu kalt zum Baden, aber wir waren alle glücklich, im Sand zu liegen, Muscheln zu suchen und Federball zu spielen.

Mit einem sardischen Messer schnitt Frank, nein besser, er rieb von dem großen Klotz eines uralten Pecorinos winzige Stücke ab und legte sie für uns auf ein Holzbrett. Während wir Wein tranken, nahmen wir uns von dem Käse, so fein wie Staub, aber so intensiv wie ein scharfes Gewürz. Alles steckte in der geriebenen Masse, der Geruch der Ziegen, der Geruch der sardischen Frauen und der Traum von einer besseren Welt. Wenn Frank das Messer zum Munde führte, hatte er etwas Verwegenes, etwas Verbotenes in seinem Blick, etwas, von dem ich mir später mehr gewünscht hätte für ihn.

Bahriye verliebte sich Jahre später in einen türkischen Goldschmied, Claus wurde Vorsitzender Richter, Angelika Schulleiterin und Frank blieb in der Politik, vorher hatte er für Jana noch ein Bett gebaut, aus massivem Holz. Manchmal sprach er später erneut über Gramsci, so am 28. August 2016 in *Capalbio*, als ein Buch von Giorgio Napolitano vorgestellt wurde:

> »Giorgio Napolitanos Überzeugungen und seine Überzeugungskraft, sein scharfer Blick für Realitäten und sein klarer Internationalismus haben mich tief beeindruckt – und das schon lange, bevor ich ihn persönlich kennenlernen durfte. Sein Wirken verfolgte ich schon früh interessiert aus der Ferne – so wie zu meiner Studentenzeit so ziemlich jeder Student, der etwas auf sich hielt, sich mit italienischer

Politik auseinandersetzte. Es war die Zeit, in der wir in Deutschland intensiv Antonio Gramsci gelesen und diskutiert haben, über das Verhältnis von Politik und Kultur und eine Zeit, in der wir darauf gehofft haben, dass sich hier in Italien ein dritter Weg, ein internationaler, undogmatischer, aufgeklärter Sozialismus – unabhängig von Moskau, den Prinzipien von Freiheit und Demokratie verpflichtet, entwickelt.«

Niemals mehr würden uns die Gedanken Gramscis so nahe sein, wie damals auf Sardinien, als wir jung waren und Gramsci für uns auch als Mensch greifbar wurde: die Utopie, die Vision einer breit gebildeten Masse, die Abschaffung des Privateigentums. Ich erinnere mich an die Intimität zwischen uns, wenn wir stritten, wenn wir uns freundschaftlich berührten, philosophisch und menschlich so eng beieinander waren. Es war traurig, dass Bahriye einen Papa hatte, der im Gefängnis saß. Aber sie war seit unserer Reise mit diesem Schicksal nicht mehr allein. Selbst Menschenfreunde kommen ins Gefängnis, wenn sie sich mit Despoten anlegen, selbst große Philosophen wie Gramsci.

Gramsci hat den Begriff des Interregnums geprägt und meinte damit so etwas wie historische Zwischenschritte, deren krisenhafte Dimension wir nicht unterschätzen dürfen. Auf einem Symposium im Schloss Bellevue, veranstaltet vom Bundespräsidenten, diskutierte das Plenum über die Krisen der Demokratie:

»Die Politikwissenschaftlerin Donatella della Porta lieh sich den Begriff [Interregnum] von dem Marxisten Antonio Gramsci. Mit Blick auf den historischen Moment, in dem ›das Alte stirbt und das Neue nicht zur Welt kommen kann‹, wie er in den ›Kerkerheften‹ schrieb, muss man sich die Assoziation einer harmlosen Zwischenzeit allerdings verbieten.«

Ich hätte unsere Reise gerne wiederholt, aber diese Konstellation kam nie wieder zustande. Heute gibt es neue Bücher über das Staatsverständnis von Gramsci.[23] Für mich war es gut zu wissen, dass der Berufspolitiker Frank Gramsci auch deshalb in Erinnerung behielt, weil er auf Sardinien in dessen armseligem Elternhaus gewesen war, auch wenn er auf Symposien nichts davon erzählte. Von Arturo und seinen Würmern habe ich nichts mehr gehört. Bahriye hat den Goldschmied wieder verlassen und ist zurück in die Türkei gegangen. Jana und ich sind einander geblieben, wir treffen uns gelegentlich auch auf Sardinien. Das letzte Mal war ihr Sohn dabei, der mir eine Nachricht schrieb: »Lieber Opa, ich bin auf einer Demo, wenn es Ärger gibt mit der Polizei, rufe ich dich an.«

---

[23] Siehe zum Beispiel Sonja Buckel/Andreas Fischer-Lescano: Hegemonie gepanzert mit Zwang. Baden-Baden 2007 und auch die Angaben zur neueren Gramsci-Literatur in Fiori, S. 291ff.

Gramscis Geist wurde zuletzt in Rom gesehen, auf der Beerdigung von eben jenem Giorgio Napolitano, der als Kommunist später italienischer Staatspräsident wurde, am 23. September 2023. Die Präsidenten aus Frankreich und Deutschland erwiesen einem der großen integren Politiker Italiens die letzte Ehre. Nur wenige Meter entfernt liegen die sterblichen Überreste Antonio Gramscis. Ob der Bundespräsident das Grab Gramscis besucht und eine Rose abgelegt hat, war in der italienischen Presse nicht nachzulesen.

Ebenso wenig habe ich im Jahre 2024 den Weg zu Arturos Hof wiedergefunden und als ich Sebastiano, der mich in seine einsame Hütte in der *Gallura* mitnahm, von den Würmern erzählte, schüttelte er nur ungläubig den Kopf. Von Würmern, die die Erde der *Gallura* auflockern sollten, habe er noch nie gehört. Stattdessen zeigte er mir eine gallurische Geisterstadt. Zwischen *Vignola* und *Isola Rossa* zweigt von der Durchgangsstraße SP 90 eine zwei Kilometer lange Serpentinenstrecke ab. Wir erreichten das alte gallurische Dorf *Trinità d'Agultu*, mit einem großen Dorfplatz und einer Kirche aus Granit. In den Hang hinein wurde ein riesiges Feriendorf gebaut, von den Gesichtslosen, den Bauunternehmern im Dunkeln. Es ist leer, niemand lebt hier, eine Straße aus Beton führt dorthin, die Fenster und die Mauern zerfallen, zerfetzte Europafahnen wehen im Wind, der vom Meer kommt. Aber niemand ist dort, nur der Berg ruft, schreit wegen den Schlägen, der Wunden, die die Maschinen in ihn hineingeschlagen haben. Wie viel Schweigen liegt über einem solchen Skandal, was denken die Touristen an den Stränden der *Gallura* beim Anblick des Geisterdorfes?

> »Ich glaube, dass Leben bedeutet, Partei zu ergreifen. Gleichgültigkeit ist Apathie, ist Parasitismus, ist Feigheit, ist das Gegenteil von Leben. Ich lebe, ich bin parteiisch. Deshalb hasse ich den, der nicht eingreift, ich hasse die Gleichgültigen.«[24]

Sagt Gramsci und ermutigt uns zu einer Lebenshaltung, die schon Dante in seiner Göttlichen Komödie hochgehalten hat. Nichts erschien dem leidenschaftlichen Dichter so verächtlich und so wenig des Anschauens wert als Stumpfheit und Lauheit:

> »So armselig sind die traurigen Seelen derer, die ohne üble Nachrede und ohne Ruhm lebten, gemischt mit denen, die weder rebellisch waren gegen Gott, noch treu ihm folgten, sondern nur für sich waren. Sie gehören weder in den Himmel noch in die Hölle. […] Keine Diskussion, sie verdienen kein Mitgefühl.«[25]

---

[24] Vgl. Antonio Gramsci: Odio gli indifferenti [Die Gleichgültigen]. Turin 1917.

[25] Die Willensschwachen, Lauen, Gleichgültigen (ignavi) in der Vorhölle bei Dante Alighieri: Divina Commedia, III. Gesang, Vers 34-51, eigene Übersetzung.

4. Der Professor fliegt (1988)

Professor Ulrich Sonnemann, Sammy und ich hatten beschlossen nach Sardinien zu fahren. Ich hatte eine Ferienwohnung gesucht. In der Anzeige stand, ein deutsches Paar aus dem Norden habe ein Haus renoviert und vermiete eine Wohnung in *Santu Lussurgiu*. Das klang wie ein Zitat aus einem sardischen Gedicht. Aber wo lag *Santu Lussurgiu*?

Ulrich Sonnemann war 1956 aus der Emigration in die USA nach Deutschland zurückgekehrt. Er war den Nationalsozialisten entronnen, die ihn in Frankreich, in *Gurs*, ins KZ gesperrt hatten. Von hier sollte der Transport nach Ausschwitz gehen. Sonnemann konnte fliehen, eine Wette mit einem wohlhabenden jüdischen Mithäftling rettete ihm das Leben. Er beschreibt seinen Fluchtweg so:

> »Was ich entdeckt hatte, war etwas sehr Einfaches. Hitlers Reich schlug nicht nur um sich, sondern dieses Umsichschlagen, das gar nicht wörtlich genug zu verstehen war, war doch nicht regellos, es folgte im geographischen Raum einer einheitlichen planimetrischen Richtung: der gegen den Uhrzeiger. Von Wien im März 1938 über Prag ein Jahr später, Warschau noch im September des gleichen Jahres, Dänemark und Norwegen im nächsten April zur großen Westoffensive gegen Frankreich und die Beneluxländer wenige Wochen danach – war das nicht allein eine klare Kreisbewegung – gegen den Uhrzeigersinn«.[26]

In Amerika lehrte Sonnemann an der »New School of Social Research«. Für mich kam er aus einer anderen Welt. Erst die Revolte an den Schulen 1968 bis 1973 hatte uns Provinzgymnasiasten mit der Kritischen Theorie in Verbindung gebracht. Ich hatte noch Herbert Marcuse als Redner erlebt und wollte unbedingt Horkheimer verstehen. Jetzt hatte ich einen väterlichen Freund, der diese Ikonen alle kannte. Er war mit Theodor W. Adorno und Max Horkheimer befreundet, Jürgen Habermas mochte er allerdings nicht und das hatte gute Gründe. Er war ein anarchistischer Denker, ein großartiger Satzjongleur und, wie ich, ein Detektiv mit gesellschaftlichem Auftrag. Wir hatten ein Buch[27] geschrieben, das verboten wurde, und ich wünschte mir von Herzen, dass er Sammy, meinen besten Freund, kennenlernte, dass wir eine Gruppe werden würden.

---

[26] Ulrich Sonnemann: Gurs 1941. Geschichte von der Gegenrichtung des Uhrzeigers. In Ulrich Sonnemann: Graphologie. Handschriften als Spiegel. Irrationalismus in Widerstreit. Schriften 1. Springe 2005, S. 427ff.

[27] Ulrich Sonnemann/Christoph Nix: Die Vergangenheit, die nicht endete. Gießen 1984.

Wir waren am Bahnhof verabredet. Sammy und ich waren mit einem kleinen Fiat vorgefahren, Sonnemann kam mit zwei großen Koffern. Der Panda war voll. Die Stimmung war sehr gut, wie es drei Abenteurer verdienen. Als wir auf der Höhe des *San Bernardino* waren, übernahm Sammy das Steuer. Ich wechselte nach hinten. Mit einer Hand und Servolenkung fuhr er uns über alle Bergpässe. Sonnemann wurde schweigsam, saß bedrückt auf dem Beifahrersitz. Er hatte Angst. Dann erlebte er, dass Sammy der beste Autofahrer der Welt war. Sammy hatte Dutzende von Lastwagen über den Balkan bis in den Jemen überführt und sich damit sein Studium verdient. Viele Jahre hatte er auch geboxt. Dann kam dieser verdammte Unfall. Sein linker Arm war gelähmt, aber sein rechter Arm war kraftvoller als meine beiden Arme zusammen.

Sonnemann wurde müde und wir beschlossen, am *Lago di Lugano* eine Pause einzulegen. *Gandria* hatte 200 Einwohner und wir fanden eine Pension. Eine große blonde Dame, die die Geschäfte führte, machte uns ein reichhaltiges Abendessen. Wir tranken und rauchten und Sonnemann erzählte. Er kannte den Ort aus der Zeit seiner Emigration. Er hatte während seiner Flucht vor den Nazis auch einige Zeit in der Schweiz gelebt. Als Flüchtling musste er das Visum für die Schweiz alle drei Monate erneuern. Wenige Kilometer von *Gandria* entfernt war die italienische Grenze und er ging zu Fuß zwischen der Schweiz und Italien hin und her. Er hatte Glück, sein Visum wurde verlängert.

Ich erzählte Sonnemann von meinen ersten großen Strafrechtsfällen, von Betrügern und von Bankräubern, die mir als ehrliche Menschen begegnet sind. Es waren Handwerker, die keiner Fliege was zu Leide tun würden. Die Dame hörte zu. Wenn sie uns Getränke oder das Essen brachte, blieb sie immer einen Moment länger am Tisch stehen. Wir waren redselig, waren dabei uns kennenzulernen. Sammy erzählte von dem Unfall mit dem Motorrad. Wir würdigten das Traurige und das Glück in unserem Leben, das Glücksspiel und die Wette. Sonnemann bot uns eine Zigarette an, gab uns Feuer und wir rauchten still vor uns hin.

> »Wo aber alles kommen musste, wie es kam, kann auch Kritik noch kein Recht haben. Die Obsession vom Zwanghaften der Geschichte ist zuerst aufzulösen.«.[28]

Er lud uns ein, an diesem Abend seine Gäste zu sein, wie er uns immer einlud, auch wenn wir das nie als Selbstverständlichkeit sehen wollten. Er verlangte die Rechnung, sah damals schon schlecht, schob die Brille auf die Stirn, füllte einen Eurocheque aus, der einst ein gebräuchliches Zahlungsmittel war. Die Dame dankte. Wir gingen zu Bett.

---

[28] Ulrich Sonnemann: Negative Anthropologie. Frankfurt a.M. 1981, S. 228.

Als wir am nächsten Morgen aufbrechen wollten, stand sie an der Rezeption mit einem dicken Mann, der sich vor uns aufbaute und uns drohte. Was war geschehen? Hatten wir uns schlecht benommen?

Die Dame war am frühen Morgen zur Bank geeilt, um den Scheck einzulösen, offenbar war sie knapp bei Kasse. Statt der erwarteten 160 Schweizer Franken hatte sie nur elf Räppli bekommen und der Bankbeamte hatte mit dem Finger auf den Scheck und dort auf die eingetragene Währung hingewiesen. Sie war sich nun sicher, dass wir, die an dem Abend über Verbrechen sprachen, auch Verbrecher waren. Sonnemann wähnte sich beim Ausfüllen des Schecks längst in Italien, hatte daher ins Formular LIT (italienische Lire) statt CHF (Schweizer Franken) geschrieben und daher auch nur einen Zahlungsanspruch auf 160 Lire begründet, die besagten elf Räppli.

Wir lachten, Sonnemann entschuldigte sich, wir legten unsere Dokumente vor. Sonnemanns Professorentitel und mein Anwaltsausweis überzeugten die Dame aus dem Tessin und ihren dicken Polizisten. Fröhlich starteten wir den Panda und hatten eine weitere, wunderbare Geschichte im Gepäck.

Der Hafen und das Einschiffen in *Genua* waren Routine. Wir hatten getrennte Kabinen. Ulrich Sonnemann liebte es, auf dem Schiff zu speisen. Er erzählte von seiner Flucht 1943, auf einem der letzten Schiffe von Lissabon nach New York hatte er gleich eine Schachmeisterschaft unter den Passagieren initiiert. Wir aßen Fisch, tranken Wein, hörten ihm zu. Wir gingen an Deck, das Meer war aufgewühlt. Sonnemann dichtete: »*Die Welle bricht sich allzu mächtig, drei Passagiere sind verdächtig.*« Den Rest habe ich vergessen. Nach einem letzten Averna an der Bar entschuldigte er sich bei Sammy für seine Angst und erklärte ihn zum besten Chauffeur der Welt.

Am Morgen nach der Ankunft in *Alghero* saßen wir auf der *Piazza Civica*. Instinktiv hatten wir die älteste und schönste Bar der Stadt angesteuert. Um uns herum alte Bürgerhäuser, debattierende oder Zeitung lesende Sarden. Hier gab es »La Nuova«, die eher linksliberal war im Gegensatz zur konservativen »L'Unione Sarda«, die in *Cagliari* erschien. Das Caffè Costantino ist über 100 Jahre alt, seit einigen Jahren versucht die neapolitanische Mafia den Besitzer zu vertreiben.

Wir fuhren von *Alghero* über *Bosa* in Richtung *Santu Lussurgiu*. Es ist einer der schönsten Streckenabschnitte der Insel. Die Straße führt stracks in den Süden, meist am Meer entlang, 41 Kilometer. Manchmal weicht sie von der Küste ab, steigt an in die Berge, man sieht Seeadler in der Luft und im Meer, wenn man Glück hat, Delfine springen.

Auf halber Strecke könnte man nach links abzweigen, wenn man eine der spannendsten Nuraghen sehen will, oben in den Bergen, umgeben von einem Kastanienwald. Wir fuhren durch Wälder und über die Berge, an *Bosa* vorbei, an *Cuglieri*, beides verzauberte Städte.

Der Ort *Santu Lussurgiu* liegt weitab, am Berg erbaut, unwegsame Gassen und große Häuser, früher reich durch den Bergbau. Fast hätten wir uns mit dem Panda eingeklemmt, so eng waren die Straßen. Irgendwie fragten wir uns durch und standen plötzlich vor dem Haus. Norbert, ein großer freundlicher Mann in mittleren Jahren, öffnete uns die Tür. Sofort erkannte er Sonnemann. Er hatte im Studium die »Negative Anthropologie« gelesen. Es gab Espresso. Sonnemann war enttäuscht, das Meer war weit weg, man brauchte Stunden, um dorthin zu fahren. Norbert tat alles, um es uns recht zu machen. Sammy und ich schliefen in einem Zimmer im zweiten Stock und Ulrich unter dem Dach.

Denke ich an diese Zeit zurück, so sehe ich Sonnemann und Sammy tagein, tagaus Schach spielen. Ich war eifersüchtig. Als Schachpartner war ich dem Alten nicht ebenbürtig. Überhaupt wurde Sammy zum Lieblingssohn. Ich war verletzt. Sammys oft über Stunden schweigsame Art, sein stilles Wesen, ließ Geheimnisse ahnen. Im Laufe der Tage wurde klar, die beiden waren gut versorgt miteinander. Ich gab mich damit zufrieden, nahm es als Chance, lief los, erkundete die Umgebung, entdeckte das Lyzeum, in das Nino Gramsci jeden Tag 18 Kilometer von *Ghilarza* gelaufen war, sommers wie winters, alles mit seinen kurzen Beinen. Er hatte nicht einmal einen Mantel. Ich stand vor der Schule, es war Zufall, seine Geschichte war mir vor die Füße geworfen worden.

Gegen Mitte des 19. Jahrhunderts hatten zwei reiche Großgrundbesitzer aus *Santu Lussurgiu* ihr Vermögen dem Piaristenorden vermacht, unter der Bedingung, dass sie ein Gymnasium gründen. Sollte aber der Orden aufgelöst werden, so sollte das Gymnasium an die Gemeinde fallen und verstaatlicht werden. Genau das geschah 1868. Gramsci erinnerte sich:

> »Es war eine sehr herunter gekommene Schule, ein kleines Gymnasium, in dem drei sogenannte Lehrer alle 5 Klassen unterrichteten.«[29]

Aus dem Gefängnis schrieb er:

> »Als Junge hatte ich eine ausgeprägte Neigung zu Naturwissenschaften und Mathematik. Das änderte sich auf dem Gymnasium, denn meine Lehrer taugten nichts.«[30]

Am Gymnasium ist ein kleines Schild angebracht. Es erinnert an die beiden Gründer Pietro Paolo Carta Ledda und Giovanni Andrea Meloni. Auch der berühmteste Schüler, Antonio Gramsci, wird erwähnt. Einen Moment blieb ich stehen und versuchte, die Stimmen der Kinder zu hören, die Rufe der Lehrer. Nach einer Weile lief ich den Berg hinauf und betrachtete das Felsmassiv, an dessen Fuß der Ort errichtet wor-

---

[29] Fiori, S. 43.

[30] Fiori, S. 43f.

den war. Es lag wie ein Kranz oberhalb der Stadt. Es gab viele Quellen, aus denen die Leute ihr Trinkwasser holten. Auf dem Rückweg zu meinen Freunden kam ich an der Bäckerei vorbei. Ich wollte Brot kaufen. Die Türglocke bimmelte, ich war in Gedanken, da sah ich sie: die Bäckerin, groß und schlank, ihr Gesicht wie aus einem Film. Sie lächelte mich an und ich zerfloss, ich wankte. Ich kann kaum beschreiben, was mich faszinierte. Ich stotterte und verlangte im Grunde nach ihr. »Tre panini…« Ich zahlte, schämte mich, als könnte man mir die Lust vom Gesicht ablesen, und flüchtete aus dem Laden.

In der Küche saßen Sonnemann und Sammy und spielten Schach, konzentriert, entspannt. Nebenbei fragte mich der Professor mit sanfter Stimme – und er fragte von da an jeden Tag –: »Fahren wir ans Meer?«

Wir fuhren ans Meer. Über die Berge, die Dörfer und ich sah, wie glücklich er war. Die Bäckerin ging mir nicht mehr aus dem Kopf. Am Strand zog sich der alte Philosoph die Badehose an. Da stand er im Meer, schaute zum Horizont, ins Nichts, lachte über die Fische, die ihn an den Beinen kitzelten. Dann tappte er ans Ufer, trocknete sich ab und wechselte die Hose. An einer kleinen Strandbar tranken wir einen Averna. Liebevoll schaute er mich an und fragte: »Kaufst du morgen wieder Brot?« Ich nickte.

Am nächsten Morgen fuhr ich mit Norbert auf den Berg, wo seine Bienen Blütenstaub sammelten und wo – wie er mir erzählte – bitterer Honig entstand. Wir blickten hinab ins Tal, wo zwei Schachspieler saßen, das Gymnasium des Nino Gramsci lag, meine Bäckerin wartete und alte Männer in der Bar über Politik redeten. In den Bergen gab es Hirsche und Rehe, Ziegen und einen Wolf. Keiner weiß, wo er herkam.

Ein ruhiges Sardinien, eine stille, einsame Welt zwischen Schafen, Weihrauch, Bergquellen und Eisenerz. Als wir herabkamen vom Berg und ich zu meinen Freunden zurückkehrte, meinte Sonnemann, es wäre an der Zeit, heute Abend in ein Restaurant zu gehen. Die Bäckerei war ohnehin geschlossen.

Wir fuhren nach *Cuglieri.* Hier wurde 215 vor Christus die punische Siedlung Cornus errichtet, hier lebte der Anführer Hampsicora, mit ihm war der Widerstand gegen die Römer nach Sardinien gekommen. Die Schlacht von Cornus war in diesem Krieg das letzte Gefecht auf sardischem Boden. Hampsicora beging nach der Niederlage Selbstmord. Der eigentliche Sieg der Römer war, dass durch die Niederwerfung des Aufstandes die Lebensmittelversorgung Italiens gesichert war, wodurch weitere Aktionen im Zweiten Punischen Krieg möglich wurden. Die Hauptstraße ist eng und unwegsam, die kleinen Gassen sind dunkel, aber wenn man hochsteigt zur *Basilica di Santa Maria della Neve*, die über dem breiten Tal thront, hat man einen Blick wie aus einem Heißluftballon, man sieht die Küste der Westseite und die weit entfernt liegende Stadt *Oristano.*

In *Cuglieri* gibt es das beste Olivenöl der Insel. In einer Ölhandlung, die Tag und Nacht geöffnet ist, betreiben zwei Brüder dieses Geschäft, der eine dick, der andere dünn. Schon früh haben die Brüder Peddio auch Kosmetik, Hautöle, Seifen mit Olivenöl gemacht, aber das Salatöl FRUTTATO übertrifft alles. Selbst wenn ich literweise kaufte, Rabatt gab es nie. Man findet sie im Corso Umberto 87.

Wir drei landeten in einem Landgasthof, mitten im Ort, einige Treppen vom Corso entfernt. Nur ein Tisch war noch frei, keine Touristen, alles Sarden und ein paar verlorene Kontinentalitaliener. Es gibt diesen Gasthof bis zum heutigen Tage, mit bestem Wildschweinfleisch, Pasta sarda, unergründlich rotem Wein: *Ristorante Desogos di Desogos G & C. S.N.C.* Wir bestellten *Tagliatelle al Ragù di Cinghiale*, gut gewürzt, preiswert und dazu Salat, Käse, Wurst, alles, was das Herz begehrt. Eine junge Frau bediente uns. Sie beobachtete Sonnemann aus den Augenwinkeln. Als ich zur Toilette ging, fragte sie mich, ob das ein richtiger Professor sei. Ich nickte und sie schaute zufrieden drein, denn ihr Instinkt für kluge Leute hatte ihr Interesse für den alten Mann geweckt.

Nach der Vorspeise fragte Sonnemann: »Amerikanischer Zwischengang?« Er bot uns Zigarillos an. Ich hatte auf dieser Reise wieder zu rauchen begonnen und Sonnemann, der sich mit seiner Spezialmarke eingedeckt hatte, teilte wie ein Bruder. Wir nickten und qualmten, wir hatten uns, wir waren froh und es fehlte uns an nichts. Die Serviererin kam an den Tisch und fragte nach einem Dessert. Sie bot uns die typische sardische Mehlspeise »Sebadas« an, ein sardisches Honiggebäck. Mehlspeise sei ihm jetzt zu schwer. Ob es denn auch Zabaione gebe, fragte er und die Frau schaute ihn ratlos an. »Zabaione?«

»Si, Zabaione sardo«, bekräftigte er und sie fiel aus allen Wolken. Sie kannte weder das Wort noch das süße Zeug, das dahinterstehen sollte. Sonnemann beruhigte sie und referierte das Rezept mit einem Satz: »In una ciotola sbattere i tuorli d'uovo con lo zucchero, il sale e lo zucchero vanigliato fino a ottenere un composto spumoso. Aggiungere gradualmente il Marsala.« »Marsala?« »Ma è anche possibile con un dolce vino bianco sardo.«[31]

Alles klar. Sammy und ich waren Zaungäste, die beiden verstanden sich aufs Wort. Die junge Frau eilte in die Küche, Töpfe klapperten, Schränke wurden aufgerissen und wieder zugeschlagen. Es dauerte, dann erschien sie mit drei Tellern und darauf eine süße, gelbe Flüssigkeit. »Zabaione sardo«, sagte sie triumphierend. Sie hatte gewonnen und genoss ihren Sieg, wir die Süßspeise. Die Sardin war glücklich, wir aßen und tranken weiter, stolperten später durch die Nacht, fuhren in

[31] »In einer Schüssel die Eigelbe mit dem Zucker, dem Salz und dem Vanillezucker schaumig schlagen. Nach und nach den Marsala hinzufügen.« »Marsala?« »Es ist aber auch mit einem süßen sardischen Weißwein möglich.«

weiten Bögen die Serpentinen hoch, dann wieder runter und zurück nach *Santu Lussurgiu.*

Meine Leiden hatten erst gerade begonnen. Die Bäckerin war unerreichbar für mich. Gelegentlich lächelte sie mich an, aber eben wie eine Mutter, nicht wie eine Geliebte und ich wollte keine Mutter, weder auf Sardinien noch in Deutschland. Das trockene Brot stapelte sich im Küchenschrank, die Freunde hatten Geduld und vertieften sich weiter in ihr Schachspiel. Einmal noch traf ich die Schöne. Unten am Platz gegenüber dem Museum trank ich ein Mittagsbier, da eilte sie aus dem Laden, kam in die Bar. Sie trug ihren weißen Kittel und nahm einen schnellen Espresso. Ich starrte sie an, schämte mich, als sie mich entdeckte. War da ein Lächeln, hatte sie geblinzelt, leicht mit einem Augenlid? Sie ging zurück in ihren Laden, ohne mich eines weiteren Blickes zu würdigen. Ich hätte schreien können: verpasst, verpatzt, Pazzo. Die Tage gingen dahin.

Es war an der Zeit. Sonnemann wollte zurück zu seiner Frau nach Kassel. Sie wollte mit ihm an die Ostsee reisen. Wir fuhren zum Flughafen nach *Olbia*, quer über die Insel. Noch einmal tranken wir einen Wein zusammen in der Flughafenhalle, dann umarmten wir den Bruder, den Vater, den Gelehrten. Er stellte sich brav in die Reihe, wir winkten ihm zu, aber er sah uns schon nicht mehr, er war weg, im Geiste oder bei seiner Brigitte.

Wir waren frei für weitere Abenteuer. Zwischen *Cuglieri* und *Santu Lussurgiu* entdeckten wir den Berg. Einen Berg zu entdecken ist noch kein Ereignis, aber es war ein besonderer Berg. Zur Westseite fällt er steil ab, scheint unbezwingbar, jedenfalls für einen wie mich. Es sah so aus, als ob es auf der Spitze Ruinen gäbe, die Mauerreste einer Burg oder einer Kirche. Wir gingen um den Berg herum. Pferde auf einer Koppel, ein kleiner Hof mit Kühen und welch ein Wunder, da führte tatsächlich eine Treppe hinauf: steil, teils gemauert, teils in Stein gehauen, ohne Geländer. Oben ein steinernes Plateau, Mauern, die Reste von *Casteddu Etzu,* der alten Burg, die 1186 von Ittocore, dem Bruder des Herrschers des Judikats von *Torres,* errichtet worden war.

Es gibt viele Legenden und Geheimnisse um die Burg. Eine davon erzählt, dass die Familie des letzten Burgherrn in einer Schlacht vernichtet worden sei und dass die einzigen Überlebenden der jüngste Sohn und sein Kindermädchen waren. Sie sollen sich bis zu ihrem Tode in den unterirdischen Räumen versteckt haben. In windigen Nächten kann man immer noch die Klagelieder hören, die das Kindermädchen dem Jungen sang. Eine Schlange floh vor uns und verschwand unter den Felsen, in die Katakomben. Wir gingen zur Steilwand, Sammy balancierte wie ein Seiltänzer auf dem schmalen Grat bis zur vorderen Spitze: Vor uns lagen *Cuglieri* und die Tiefebene, weiter hinten das Meer, ein Blick wie aus dem Paradies auf die Erde hinab.

Gramscis Nichte Mea erinnert sich an diese Orte und Ninos und seines Vaters tragischen Tod:

»Kurz vor Ablauf seiner Strafe schrieb uns Onkel Nino, wir sollten ihm ein Zimmer in Santulussurgiu suchen. Dort hatte er als Schüler gewohnt und die Stadt gefiel ihm. Teresina, ich und unsere Freundin Peppina Montaldo fuhren nach Santulussurgiu und fanden ein schönes Zimmer für Antonio. Dann warteten wir jeden Tag auf seine Ankunft. Großvater ging es damals sehr schlecht; der Gedanke an Ninos Rückkehr schien ihn jedoch wieder aufzurichten: Nino sollte am 27. April [1937] kommen. Wir warteten Stunde um Stunde, aber zu unserer großen Enttäuschung kam er nicht. [...] [Am] nächsten Tag kam eine Frau zu uns und fragte: ›Stimmt es wirklich, dass Nino gestorben ist?‹ Wir waren wie versteinert. ›Sie haben es im Radio gesagt. Ich habe es im Radio gehört.‹ Dann kamen immer mehr Leute, um uns ihr Beileid auszusprechen. Großvater war sehr krank, und niemand brachte es über sich, ihm die Nachricht mitzuteilen. [...] [Als] ich dann einmal für einen Augenblick in die Küche ging, hörte ich plötzlich laute Schreie. [...] ›Mörder, sie haben ihn umgebracht!‹ Ich erinnere mich ganz genau, wie Großvater schrie: ›Sie haben ihn umgebracht!‹ Er raufte sich die Haare und den Bart und schlug sich an die Brust. Es war ein entsetzlicher Anblick«[32]

Zwei Wochen später war Francesco Gramsci aus Kummer und Gram gestorben. Sammy und ich gingen zum Abschied noch einmal zum Schulhaus. Es war Zeit zu gehen, ich ließ die Bäckerin zurück. Was blieb mir anderes übrig.

40 Jahre später komme ich zurück. Wir eilen mit dem Panda von *Paulilatino* die Landstraße nach *Santu Lussurgiu* entlang. Ich bin nicht allein. Sammy lebt nicht mehr, aber Sebastiano ist bei mir. Ich habe ihn am Bootssteg kennengelernt, am Hafen von *Fertilia*. Als junger Mann zog er in die Welt, Kopenhagen, New York, studierte Jura und wurde Fotograf. Wir streifen durch Sardinien. Unser Ziel ist *San Antiocho*. Aber hier zeigt er mir seine Weinfelder, verborgene Nuraghen, Schriftzeichen im Feld. Linker Hand liegt die *Cascata di Sos Molinos*. Und dann kommt *Santu Lussurgiu*. Norbert und Marlies leben schon lange nicht mehr hier. Sie haben eine Wohnung in *Oristano* gekauft. Ich laufe mit Sebastiano durch die Straßen, steil den Berg hinauf, das Gymnasium, das Haus, in dem Großvater Francesco lebte und daneben das alte Haus von Norbert. In Gedanken bin ich bei meiner Bäckerin und suche ihre Bäckerei. Ich finde den Weg, später ihre Straße. Aber der Laden? Den gibt es nicht mehr. Das große Schaufenster ist zugemauert, die Ladenräume offenbar umgebaut zu einer Wohnung. Gleich gegenüber ist ein Tabakladen. Wir gehen hinein. Ich frage die Frauen, die dort arbei-

[32] Zitiert nach Fiori, S. 280f.

ten und einkaufen, miteinander im Gespräch sind: »Wo ist die Bäckerei und wo ist die schöne Bäckerin?«

Sie starren mich an. Dann erzählt Sebastiano ihnen von meiner unschuldigen Liebe und die Frauen lachen, eine legt mir die Hand auf die Schulter und sagt: »Sie ist immer noch so schön wie eine Contessa, vor zwei Minuten ist sie hier vor uns durch die Straße gegangen.«

Mein Atem stockt. Immer noch schön! Ich laufe die Straße entlang, Sebastiano folgt mir. Dann stehen wir vor der Kirche. Es ist Samstagabend und es ist Gottesdienst. Leise öffnen wir das Portal. Auf der Kanzel steht der Priester und predigt. Wir bleiben an der Tür stehen. Ich schaue über die Köpfe der Frauen in schwarzen Kleidern, aber ich finde sie nicht. Wir gehen. Wir verabschieden uns auf leisen Sohlen. Es ist vorbei. Es ist gut, sie im Herzen zu haben.

5. Stahlgewitter und der wilde Südosten (1994)

Ich vermisste den Hafen. Die Hitze am Tag, das Verkehrschaos in *Genua*. Wo war das aufgeregte Schiffspersonal, wo waren die Platzanweiser mit ihrem Geschrei, die Vordrängler beim Rein- oder Rausfahren in den Schiffsbauch, die Angst auf der Autobahn, wegen eines Staus das Schiff zu verfehlen, der Espresso auf der Raststätte, all die kleinen Abenteuer an den Mautstationen? Das sind Szenen, die man verpasst, wenn man den Flieger nimmt. Die Erleichterung an Bord zu sein, die Suche nach Schlafplätzen an Deck, nach der jeweiligen Kabine, der Kartenschlüssel, der nicht funktioniert, der Kampf um die Sonnenliegen, das erste Bier oder das erste Eis, die angezündete Zigarette, kurzum das Bewusstsein, da und doch noch nicht da zu sein. Wer fliegt, bringt sich um all diese wunderbaren Erinnerungen.

Die Zeiten hatten sich geändert. Ich hatte eine neue Familie im Gepäck, meine Freundin aus der Großstadt und vier Kinder, eins davon eine Nichte, die kaum ein Wort sprach. Wir flogen von Frankfurt nach *Cagliari*, mieteten ein Auto und fuhren in ein Feriendorf, ganz unten, im Südosten der Insel. Nach wenigen Kilometern musste die kleine Marie kotzen, das Auto stank, aber vor uns die Berge. Müde kamen wir am Morgen an, die Kinder überreizt, die Nichte muffig. Tina tat alles für die Ferienfamilie, sorgte für Essen und Wasser und für das kleine Kind. Das Ferienhaus war aus Granit, hatte eine Klimaanlage und drei Bäder. Die beiden großen Mädchen wohnten separat. Die Feriensiedlung lag einsam. Luxus, eine Scheinwelt, die mit dem Leben der Sarden wenig zu tun hatte. Ich kann den Ort auf der Landkarte heute nicht mehr finden. Wir waren im Abseits, zwischen *Muravera* und *Villasimius*.

Die sardische Familie hat eine klare Setzung: das Matriarchat. Der »Sardismo« liegt im Verborgenen, er ist nicht rechts, er ist nicht links, seine Autonomie schließt immer nur die Familie ein und wenige gute Freunde. Vielleicht ist alles auch viel einfacher, so, wie es Andrea Behrmann beschreibt:

»Wer ein paar Tage in Villasimius bleibt, kann die Strände von Porto Sa Ruxi, Campus, Simius, Timi Ama, Porto Giunco und Punta Molentis besuchen, die zu den besten und atemberaubendsten Badezielen Sardiniens gehören. Besonders hoch im Kurs steht der lange, feine Sandstrand ›Simius‹ mit Restaurant, Bar, Liegestuhl- und Tretbootverleih. Wer etwas auf sich hält, geht an diesem Sandband nicht vorbei. In der Hochsaison zählt er zu den überlaufendsten Stränden. Man liegt dicht an dicht unter Sonnenschirmen. Eine Bucht weiter hat man noch einen draufgesetzt: Hier räkeln sich Urlauber am Spiaggia di Porto Giunco. Der flach ins Meer abfallende Sandstrand liegt hinter der Lagune von Notteri, in der rosafarbene Flamingos gravitätisch durch das seichte Wasser staken. Nur einen Katzensprung entfernt liegt die kleine malerische Bucht ›Torre di Porto Giunco‹, die von einem alten Sarazenenturm überthront wird. Und dann gibt es noch die ›Punta Molentis‹, bei der man einfach nur denkt: Wow!«[33]

Villasimius. Erwähnt man den Namen der Stadt, sprechen alle von Ernst Jünger,[34] dem Autor von »In Stahlgewittern«, dem Dichter des Krieges, dem Kriegsgewinnler, dessen Gedichte ich im Abitur interpretieren musste. Reisereporter behaupten, hier lägen die schönsten Strände der Insel. Mag sein, aber sardisches Leben habe ich hier nicht gespürt. Lag es an mir, lag es an uns?

Als Ernst Jünger 1954 nach Sardinien kam, war die Insel noch Katastrophengebiet. 1951 hatte es eine große Hungersnot gegeben, weite Teile waren noch malariaverseucht, die Auseinandersetzungen mit den Banditen der *Barbagia* waren auf dem Höhepunkt. Der Lyriker des modernen Krieges suchte abseits der Zivilisation nach Abgeschiedenheit, einen Ort am Ende der Welt. Hier fragte ihn niemand nach »In Stahlgewittern«.

»Auf ihren Bergen, an ihren Riffen und im besonnten, eidechsenhaften Frieden ihrer Täler muss noch in den Atomen, im Zeitlosen schlummern, was in der Folge der Zeiten sich zu Mustern gewoben hat. Es muss an Wind und Woge, aus den Gesichtern der Menschen, aus ihrer Sprache und ihren Melodien, aus der Art, in der sich der Rauch der Herdfeuer am Abend über ihrer Heimstatt kräuselt, ablesbar sein.«[35]

In *Villasimius* fand er, was er suchte, und in der Erzählung vom Sarazenenturm finden wir eine Beschreibung der Insel als Ort außerhalb der Zi-

---

[33] Andrea Behrmann: Willkommen in Villasimius! In: Sardinien Reporter; www.sardinienreporter.de/willkommen-in-villasimius/ (29.7.2024).

[34] Ernst Jünger (1895–1998), deutscher Schriftsteller, dessen Leben und Werk vor allem durch den Ersten Weltkrieg geprägt wurde; obwohl er kein Mitglied der NSDAP war, gehört er zu den intellektuellen Wegbereitern des Nationalsozialismus.

[35] Ernst Jünger: Am Sarazenenturm. Frankfurt a.M. 1955, S. 10.

vilisation. Sein scheinbar anthropologischer Blick sparte die Geschichte der Klassenkämpfe in Sardinien aus, befreite ihn von der Schuld. Sardinien außerhalb der Zivilisation? Das ist Unsinn, denn nicht nur im Risorgimento hat das Königreich Sardinien eine entscheidende Rolle gespielt, auch Grazia Deledda, Antonio Gramsci oder der damals junge Enrico Berlinguer waren Persönlichkeiten, die hier aufgewachsen sind und den Diskurs über die Insel geprägt haben. Die Rückständigkeit der Provinz war das Ergebnis barbarischer Ausbeutung, im Besonderen der Abholzung in der Periode der Industrialisierung.

Ja, er war ein Lyriker, ein Lyriker des Todes. Und man spürte in den 1950er-Jahren noch den Tod, den Krieg, den Hunger, die Malaria. Heute kann man die »Neunte Sardinienreise« von Jünger als Typoskript für 16.003 Euro käuflich erwerben.

Wir lebten zum ersten Mal in einer solchen Siedlung, die Kinder konnten zu Fuß ans Meer gehen, es gab schattenspendende Bäume, eine Bewässerungsanlage ließ die Grünflächen trotz der Hitze erblühen, aber wir konnten uns mit dieser Spießigkeit nicht anfreunden.

Als Nachbarn hatten wir eine Zahnarztfamilie und die gelegentlichen Besuche in *Villasimius* und *Muravera* waren eine Abwechslung vom Urlaubsalltag am Strand. Wir waren Sommergäste, alles wirkte friedlich, aber unter der Hitze der Sonne brodelte es: »Halte ich durch, ertrag ich das Familienleben?«, dachte ich. »Schaffe ich es, die Familie zusammenzuhalten?«, dachte Tina. »Ich will weg«, dachte meine Nichte, »Wo gehöre ich hin?«, dachte Jana, wenn sie die neue Familie sah. Und dann war da noch das Baby, Johannes. Das Baby war friedlich, selbst, als ich ihm den Popo abwusch und das Wasser viel zu heiß war. Mein Gott, was hatte ich angestellt? Mistralgewitter. Wüstensand in der Luft, der Himmel dunkel. Die Kleinfamilie isoliert in der sardischen Wüste und über allem lag ein Sturm.

Morgens, als noch alle schliefen, flüchtete ich, machte meine Exkursionen. Bei einem Bauern holte ich trockene, in Salz eingelegte Tomaten, im Dorf trank ich einen Espresso und kam mit einer sardischen Tageszeitung zurück. Tina schenkte mir diese Freiheiten am frühen Morgen. Von dem, was in der Zeitung stand, verstand ich kaum ein Wort. Aber es sieht gut aus. Ich wollte dazugehören und dazu gehörte die Lektüre der Tageszeitung. Ich mache das bis heute so.

Jana war in der Pubertät und spielte mit der kleinen Marie im Sand. Die Nichte schwieg beharrlich, hütete ein Geheimnis, das ich zu entschlüsseln versuchte. Sie hatte sich abhängig gemacht von einem erwachsenen Mann, einem Vampir. Schließlich heiratete sie ihn.

Heute erschreckt mich, wie wenig Erinnerung mir geblieben ist, wie wenig ich nachempfinden kann, wie es meiner Frau ging, die zum ersten Mal ihren Fuß auf diese Insel setzte. Was hatte ich ihr zugemutet! Ich erinnere mich an einen Schiffsausflug. Tina hatte den fünf Monate alten Jungen im Arm, während ich vom Schiffsdeck mutig ins Meer sprang. Ich wollte ihr imponieren, meine Liebe bekam auf Sardinien eine neue Qualität.

Gegenüber lag die kleine Insel *Isola di Serpentara*, unbewohnt und durchwegs felsig. Dieser Teil Sardiniens, von *Muravera* bis zum *Capo Carbonara*, ist mir fremd geblieben, fern wie der Mond. Als ich Jahre später Harpe Kerkeling treffe und wir in einer Bar über unser Leben sprechen, kommen wir auf Sardinien. Im Südosten war sein Haus, bei *Villasimius*, und ein geliebter Mann. Heute ist die Stadt gestylt, der Mann ist verschwunden, Harpe und ich sind dicker geworden.

Von *Muravera* bis nach *Arbatax* verläuft die Nationalstraße 125 weit weg von der Küste. Die schönsten Strände erreicht man nur zu Fuß. Zu den Legenden gehört das Baden an der *Cala Goloritzé*. Die Sandbucht an der felsigen Ostküste darf weder von Booten angefahren noch von Hubschraubern angeflogen werden. Der Wanderweg führt von der *Golgo-Hochebene* hinunter, vorbei an uralten Steineichen, überhängenden Felswänden, immer den Blick aufs Meer. Nach knapp zwei Stunden erreicht man die Bucht, weiße Steine, feiner Sand, Fische, Wildschweine in den Büschen: eines der letzten Paradiese. Keine Kneipe, kein Kiosk, nichts. Nur die Felsnadel. Staunen.

Der Schacht *Su Sterru* am Anfang des Weges ist ein weiterer wundersamer Ort: der Blick in den Schlund, der Fall ins Nichts. Er liegt etwa 400 Meter über dem Meeresspiegel, versteckt zwischen Hecken und Bäumen: ein Loch in das Welteninnere. Hier lebt der nach Aceton riechende Höhlensalamander und eine seltene Spinnenart, die *Porrhomma errans*. Schaut man in den Schlund, begegnet man dem leeren Blick. In dem Film über das Leben Harpe Kerkelings (»Der Junge muss an die frische Luft«) gibt es eine entsprechende Szene. Die Mutter verlässt das Wohnzimmer. Das Kind schaut ihr nach. Wird sie sich noch einmal umdrehen? Die Kamera geht in die Totale, auf das Gesicht der Mutter. Sie würdigt ihren kleinen Sohn keines Blickes mehr. Sie kann nicht. Jede Ablenkung würde ihren Plan verhindern. Sie geht in den Tod. Ich suchte in meiner eigenen Erinnerung. Wo ist er hin? Der Vater, bevor er in den Tod ging? Ich möchte ein Bild. Ich möchte mich an seine Augen erinnern. Vater, warum hast du mich verlassen?

Um die Ecke liegt das Militärgelände *Salto di Quirra*. Auf einem riesigen Gebiet lauert die Gefahr. Seit Jahrzehnten häufen sich dort bei Mensch und Tier Fälle von Missbildungen, die Sterblichkeit durch Krebserkrankungen ist erschreckend hoch. Darüber schweigen die Prospekte und Reiseführer Sardiniens. *Salto di Quirra* ist ein 1956 in Betrieb genommener Truppenübungs- und Raketenstartplatz an der Ostküste. Der offizielle Name ist »Poligono Sperimentale e di Addestramento Interforze Salto di Quirra (PISQ – »Erprobungs- und Übungsplatz *Salto di Quirra*«). Das Übungsgebiet umfasst Wiesen, Berge und Seen und ein dem Raketenstartplatz *Capo San Lorenzo* vorgelagertes Strandgebiet. Trotz der Bezeichnung als Truppenübungsplatz dient das Gelände auch und immer noch zur Erprobung von Waffenmaterial.

Nachts hört man die Schläge. Jünger hätte seine Freude daran. Es lebe der Krieg. Die italienische Armee testet in *Salto di Quirra* Artilleriegranaten, Drohnen und lasergesteuerte Bomben und Raketen, die Asbest und weißen Phosphor freisetzen, sowie Uranmunition. Hier werden Tonnen alter Waffen und Munition mittels Sprengung und Vergraben entsorgt. Außerdem werden Luft- und Seeattacken auf die Küste simuliert und die Wirkung von Explosionen auf Panzerungen und Pipelines getestet.

Der Staatsanwalt Domenico Fiordalisi stellt sich diesem Terror entgegen. Er führt einen einsamen Kampf gegen das Militär und die organisierte Kriminalität. *Lanusei*, wo Fiordalisi arbeitete, ist nicht der Karrierehöhepunkt, von dem dieser Mann aus einer renommierten Juristenfamilie geträumt hat. Vorher hat er in Kalabrien gegen die 'Ndrangheta ermittelt. Auch auf Sardinien hat er organisierte Kriminalität aufgedeckt. Seiner Frau wurden die Autoreifen zerstochen. Jemand legte einen Umschlag mit Kugeln vor sein Haus. Später wurde Fiordalisi nach *Tempio* versetzt, in den Norden Sardiniens. Der italienische Justizminister Claudio Martelli ließ den Staatsanwalt von einem Polizeiinspektor observieren und kam zu folgendem Ergebnis: »Bei Dr. Fiordalisi wie auch bei Dr. Belvedere gibt es ein Verständnis der Funktion des Staatsanwalts, das dazu neigt, sich selbst und den Richter zu überhöhen, indem er eine Rolle verkörpert, die nicht seine eigene ist.«

Fiordalisi gibt nicht auf. Seine Demontage durch die eigene Institution ähnelt bis ins Detail der Demontage des Ermittlungsrichters Giovanni Falcone:

> »Er hebt den Hörer ab. Es ist das Ratsmitglied Vito d'Ambrosio, der ihn über den Beschluss des Obersten Richterrates informiert. Giovanni hört zu, bleibt einige Sekunden lang stumm, dann antwortet er mit tonloser, trockener Stimme: ›Mit dieser Entscheidung habt ihr mich zur Zielscheibe in der Jahrmarktbude gemacht.‹«[36]

Vier Jahre später wird Giovanni Falcone ermordet.

Domenico Fiordalisi lebt noch. Er wurde Richter am Kassationsgericht, klagte die verantwortlichen Militärs an, die *Quirra* verseucht haben, und verlor den Prozess.

> »[Fünf] Jahre nach Verfahrensbeginn und zehn Jahre nach Eröffnung der Ermittlungen, nach 67 Anhörungen und einem Prozess voller Unterbrechungen, [werden] Fabio Molteni, Alessio Cecchetti, Roberto

[36] Vgl. Roberto Saviano: Falcone. München 2024, S. 329ff.

> Quattrociocchi, Valter Mauloni, Carlo Landi, Paolo Ricci, Gianfranco Fois und Fulvio Francesco Ragazzon[,] die Offiziere, die sich von 2002 bis 2012 an der Spitze der Basis abwechselten[, von] der Richterin Nicole Sera mangels Beweises freigesprochen«.[37]

Ich muss in diese Region. Ich werde nichts bewegen und ich werde nichts aufspüren, aber es wird eine meiner Reisen in das Herz Sardiniens sein. Auch im Jahr der großen Kriege verabscheut Fiordalisi jede Form von Stahlgewitter. Die Kriegslyrik ist uns fremd. Ernst Jünger gehört zu denen, die ideologisch die Verseuchung dieser Natur vorbereitet haben, der Krieg als Naturnotwendigkeit:

> »Ich starrte gebannt auf das heiße, vibrierende Stück Eisen, das den Tod aussäte und fast meinen Fuß streifte. Dann schoss ich durch das Tuch. Ein Mann, der neben mir auftauchte, riss es fort und warf eine Handgranate in die Öffnung hinein. Ein Stoß und die entquellende weißliche Wolke verrieten die Wirkung. […] Wir rannten an der Böschung entlang, um die nächsten Luken in der gleichen Art zu bearbeiten.« [38]

Ein Offizier des Ersten Weltkrieges hatte Sardinien als Fluchtpunkt gewählt, um seiner Geschichte, seiner eigenen Verantwortung zu entgehen, er landete in einem verseuchten Militärgelände und mystifizierte das Mittelmeer.

---

[37] Vgl. Simone Loi: »Gifte« von Quirra: Alle in Lanusei freigesprochen. In: L'Unione Sarda 2021; www.unionesarda.it/de/sardinien/quot-giftequot-von-quirra-alle-in-lanusei-freigesprochen-ejokgfid (29.7.2024).

[38] Ernst Jünger: Stahlgewitter. Stuttgart 2014, S. 241f.

6. Der Wal – eine Oper für Gramsci (1998)

»Was man noch nicht sagen kann, kann man vielleicht singen.«

Das Zitat stammt von Heiner Müller und er hatte damals nicht den Obertongesang der sardischen Chöre im Ohr. Der »Canto a Tenore« ist eine der ältesten Gesänge der Erde, die Stimmlage, der Rhythmus erinnern an den Gesang der Wale auf dem Meeresgrund. Ulrich Sonnemann fand den sardischen Obertongesang zu wenig abwechslungsreich, sogar langweilig. Ich war schockiert über diese Bemerkung, wagte nicht zu widersprechen. Ob es Polyphonie oder Obertongesang ist, war mir egal, der Klang kam aus einer anderen Zeit, kam von weit her. Jedes Dorf hat seine eigene Interpretation. In einem aber sind sich die Musikwissenschaftler einig, der Gesang ist älter als das Christentum.

Die Sängerin Elena Ledda[39] sagt:

> »Die Schäfer hatten damals keine Möglichkeit, Musik zu hören oder zu spielen. Wenn sie mit den Schafen loszogen, dann blieben sie für ein halbes Jahr auf den Weiden in den Bergen und kamen nicht mehr nach Hause. Und weil sie keine Instrumente hatten, haben sie mit ihren Stimmen ein Orchester gebildet, um gemeinsam zu singen oder zu tanzen. Aus dieser Zeit stammen auch die wichtigen Tanzrhythmen. Jedes Dorf hatte eigene Rhythmen und einen eigenen Gesang. Heute klingen alle gleich. Aber bis vor 40 oder 50 Jahren hatten die Sänger aus Bitti und die aus Lodè nichts gemein. Das Grundgerüst war zwar das gleiche, aber sie hatten alle ihren sofort erkennbaren eigenen Stil.«[40]

Es wirkt wie eine große Improvisation, lange bevor Kirchenchoräle gesungen wurden, es ist frei mit klaren Regeln. Es sind vier Stimmen: Bassu, Contra, Mesu Oche und der Vorsänger Mechu.

Ich habe mir immer vorgestellt, wie im Garten des Hauses in *Ghilarza* die Geschwister den kleinen Nino Gramsci an einen Baum hängen, wie sie ihn langziehen, damit der Buckel verschwindet. Er soll kein

[39] »Geboren 1959 nahe Cagliari, erhielt Ledda zunächst am dortigen Konservatorium eine klassische Ausbildung zur Mezzosopranistin. Sie entschied sich aber gegen eine Opernkarriere und widmete sich stattdessen der Wiederentdeckung der Musikfolklore ihrer Heimatinsel. Sie reiste bis in entlegenste Bergdörfer, um dort alte Gesänge zu sammeln und zu erlernen.« (Joachim Waßmann: Elena Ledda, die Stimme Sardiniens; www.sardinienferienhaus.de/de/elena-ledda-die-stimme-sardiniens.html (29.7.2024).

[40] Vgl. Thorsten Bednarz: Das Geheimnis eines uralten Gesangs. Deutschlandfunk Kultur 2016; www.deutschlandfunkkultur.de/canto-a-tenore-auf-sardinien-das-geheimnis-eines-uralten-100.html (29.7.2024).

Krüppel werden. Nichts hilft. Die Ängste der Geschwister, die Sehnsucht des kleinen Nino nach Heilung und nach Liebe, der Schrecken der Mutter über den verkrüppelten Sohn – all das sollte man in einen Chor einfließen lassen.

Auf Sardinien entstand die Idee, dem kleinen Nino eine Oper zu schreiben, zu komponieren, damit man singe, was man nicht sagen kann. Wer schreibt die Musik, wenn nicht ein Sarde? Wer singt Julia, wenn nicht eine Russin? Wie holt man Sardinien nach Europa und legt den Geist des Nino Gramsci frei? Damals waren seine Texte unvollständig übersetzt. Am Theater in Nordhausen, wo ich von 1993 bis 1999 Theaterintendant war, fand ich in meinem Referenten einen Mitstreiter. Klaus hatte in Bologna studiert und promoviert. Wir waren in Thüringen gefangen in der Deutschen Einheit. Manchmal mussten wir raus, um nicht zu verblöden, italienische Weine trinken, italienische Opern hören. Klaus erzählte mir von seinem Vorhaben, Biografien über Dante, Boccaccio und Petrarca zu schreiben.

Wir fuhren mit einem roten Golf nach Ravenna, nach Modena, nach Bologna und nach Genua. Wir trafen Operndirektoren, redeten mit vielen Menschen, oft mit Engelszungen. Sie sollte klein gehalten werden, die Gramsci-Oper, eine Kammeroper. Wir machten eine Skizze und einigten uns auf 17 Szenen, sechs Solisten, zwei Kinderstimmen und einen Chor.[41]

Wir tranken Espresso und Wein, wir klapperten die Opernhäuser ab, redeten mit Direttore Artistico Aldo Sisillo, der mit Luciano Pavarotti die Schulbank gedrückt hatte. »Bitte, Aldo, lass uns eine Gramsci-Oper schreiben, komponieren und aufführen.« Er versprach uns ein Orchester, das Blaue vom Himmel, zum Abschied winkte er uns nach, mit einem Taschentuch in Weiß, ganz große Oper. Wir haben ihn nie wiedergesehen.

Am späten Abend erreichten wir die Fähre, die Überfahrt war stürmisch. Ich hörte den Wind und die Sirenen, ich verstand, wie sie den Odysseus betörten, die Himeropa, die Leukosia, die Ligeia, wie sie mit sanfter Stimme, mit weißen oder helltönenden Klängen die Schiffe an den Felsen zerschellen ließen. Ich hörte die Tenöre, den Bass des Mussolini, der eigentlich von einem Countertenor gesungen werden sollte, aber wir hatten noch gar keine Noten und keinen Komponisten. Meinem jungen Freund Klaus ging es schlecht, er war seekrank.

Es passte gut dazu, dass er mir eine Schrift von Luis Sepulveda ans Herz legte: »Der weiße Wal erzählt seine Geschichte«. Ein trauriger me-

---

[41] Die Szenen haben folgende Titel: I. Gefängnis; II. Ghilarza; III. Therapie; IV. Die Ferne 1; V. Die Nahe 1; VI. Die Mutter; VII. Mussolini; VIII. Moskau; IX. Leben ist Schreiben 1; X. Krüppel; XI. Die Ferne 2; XII. Die Nahe 2; XIII. Leben ist Schreiben 2; XIV. Der Bruder; XV. Kinder; XVI. Bruder Tod; XVII. Legende.

lancholischer Text, ein Manifest gegen die Tötung der Wale, eine Liebeserklärung an den Freund des Menschen. Der chilenische Autor und Regisseur war einer der Leibwächter von Salvador Allende gewesen, geflüchtet und in Europa gestrandet, wie ein Wal. Ich verbrachte die Nacht an Deck und las, trank Ichnusa.

Es wurde hell, wir näherten uns der Küste, Klaus hatte überlebt. Als ich *Porto Torres* am Horizont entdeckte, ging mein Herz auf, selbst die Fabrikschlote der Raffinerie schreckten mich nicht.

Wir erreichten das Festland, starteten unser Auto und fuhren in die Stadt, tranken Cappuccino und der Himmel war blau. Wir hatten einen Termin am Konservatorium von *Sassari*. Zwei hübsche schlanke Männer mit schmalgliedrigen Fingern empfingen uns, ihre Hände wiesen sie als Pianisten aus. Sie hörten zu und taten, als wären sie interessiert, ich redete um mein Leben, vermutlich zu viel. Ich lernte die Arroganz der Künstler, der intellektuellen Feingeister Sardiniens kennen. Klaus trug Anzug mit Weste, ich war leger gekleidet. Als sie den billigen Golf sahen, waren sie sich sicher, dass wir niemals Direktoren eines Theaters sein konnten. Sie hielten uns für Betrüger. Sie legten freundlich die Hand auf die Schulter des einen Betrügers und versprachen, sich bald zu melden. Wir verabschiedeten uns herzlich, aber wir wussten: Das wird nichts, auch in diesem Fall bleibt Antonio Gramsci nur ein Name auf den Straßenschildern. Gramsci wusste, was er von seinem Land in Sachen Kultur zu halten hatte. In den Gefängnisheften heißt es:

> »Es fällt auf, dass der Kulturbegriff in Italien rein ans Buch gebunden ist: die Literaturzeitungen beschäftigen sich mit Büchern oder mit denen, die Bücher schreiben. Artikel mit Eindrücken über das Gemeinschaftsleben, über die Denkweisen, über die ›Zeichen der Zeit‹, über die Veränderungen [...] liest man nie [...]. Es fehlt das Interesse für den lebendigen Menschen, für das gelebte Leben.«[42]

Ein Bett für Zwei

Es war Februar, die Hotels geschlossen. Es war der beste Zeitpunkt für einen Ausflug zur *Costa Smeralda*. Die Verlassenheit der künstlichen Städte wie *Porto Cervo*, geschlossene Läden mit Luxusartikeln, Prada, Versace, kein Haus älter als 20 Jahre. Natürlich waren wir in dem Hotel Cala di Volpe, in der Bucht, wo sie einen James-Bond-Film gedreht hatten. Keine Übernachtung unter 400 Euro und die Strände, die Geschäfte und die Lobby waren menschenleer. Das Hotel will den »neosardischen« Stil geprägt haben, den aber südlich von Portisco niemand mehr kennt. Alles in allem eine Region, in der der Film »Die fetten Jahre sind vorbei« hätte gedreht werden können.

---

[42] Antonio Gramsci: Gefängnishefte, Band 4, Heft 6, § 29, Hamburg 1992, S. 732.

Wir liefen durch die Gärten der Hotels, schauten uns von außen die üppigen Apartments an, setzten uns auf die leeren Terrassen, niemand verscheuchte uns, keine Hunde schlugen an. Von weitem sahen wir Berlusconis Riesenvilla, die er schon gekauft hatte, bevor er den italienischen Staat gänzlich ausbeutete, sie liegt östlich von *Porto Rotondo* auf der *Punta Lada*. Sardinien für alte Linke, die ihren Klassenhass verloren haben, ein Ort, an dem der Pöbel nichts zu suchen hat. Wir fanden die Marinas von *Portisco*, sahen Dutzende von Segelbooten in allen Größen, weit entfernt, auf einer solchen Yacht das Meer zu bereisen. Langsam wurde es dunkel und wir hatten noch keine Herberge.

Nach längerem Fahren, Fragen, Ein- und Aussteigen erbarmte sich ein Rezeptionist in der Nähe von *San Pantaleo*, nicht weit von *Portisco*. Das Hotel musste mehr als 50 Zimmer haben, wir sahen keine anderen Autos, aber der Mann behauptete, es sei nur noch ein Zimmer frei, ein einziges Zimmer mit einem Doppelbett. Wie bitte? Mein Begleiter und ich waren per Sie, ich war sein Chef, er mein Referent. Wir waren vertraut, aber ein Doppelbett?

Im Restaurant hörten wir sardische Volksmusik, tranken zwei Flaschen Cannonau, bastelten an unserer Oper. Müde gingen wir ins Bett. Wir hatten nur eine Decke, aber es genügte: »Gute Nacht, Herr Doktor.« »Gute Nacht, Herr Professor.«

Früh schien mir die Sonne ins Gesicht. Hatte ich geschnarcht? Andere Geräusche von mir gegeben? Klaus schlief noch und leise verließ ich das Zimmer, zog meine Schuhe im Flur an und lief zum Strand. Als ich zurückkam, saß Klaus am Frühstückstisch, gut gekleidet und gut gelaunt.

Wir fuhren zurück in Richtung *Porto Torres*. Wir zogen Bilanz und uns war klar, dass die Gramsci-Oper keine Chance hatte.

Der Fisch aus der Tiefe

Als wir den Hafen erreichten, war das Meer aufgewühlt. Klaus eilte in eine Apotheke, klebte sich mehrere Heftpflaster hinter die Ohren. Ein Nervengift gegen Seekrankheit, wie ich später erfuhr. Er sprach immer weniger. Er legte sich in die Kajüte. Ich wusste, dass das der größte Fehler war, den Seekranke machen konnten, aber er schlief ein. Das Gift wirkte. Ob er wohl wieder aufwachte? Ich stürzte an die Bar, trank ein paar Ichnusa, zum Abschied, und las in dem Wal-Buch von Sepúlveda.

Später legte ich mich aufs Ohr. Klaus stöhnte. Gegen vier Uhr morgens war die Nacht zu Ende. Ich kannte das Spiel schon, nur dass wir dieses Mal ein Stockbett hatten. Ich suchte Schuhe und Jacke und schlich mich auf das Oberdeck. Der Mond schien hell und groß. Damals hatten die Fähren noch eine offenere Bauweise, mehr Decks und man saß näher am Meer. Heute sind die unteren Etagen oft geschlossen. Am Heck war eine schöne große Bank. Zwei Franziskaner Mönche saßen dort. Ich war in guter Gesellschaft, auch wenn wir kein Wort miteinander redeten. Ich hatte meine Zigarillos, meinen Sepúlveda und eine Büchse Bier in der Jackentasche.

Das Schiff zog eine lange gerade Straße durch das Wasser. Die See hatte sich beruhigt. Ich sah in der Morgendämmerung, wie eine kleine Fontäne, ein Wasserstrahl, in die Höhe schoss. Ich überlegte, wie diese Täuschung zustande gekommen war. Dann sah ich den Wal. Vor mir stieg er auf. Der Kopf, die kleinen Augen, dann der Rücken. Die Farbe? Nicht blau! Nicht wie in einem Kinderbuch, sondern grün, groß, mächtig, ein Rücken, der nie aufhört, dann ein Schwanz und am Ende eine Flosse. Das alles spielte sich hinter dem Schiff ab, nahe an den Schiffsschrauben, alles nur einmal, nicht wiederholbar. Der Wal und ich im Mittelmeer. Wir beide und die Franziskaner, von denen ich nicht genau weiß, ob sie es gesehen haben. Das Heilige fällt meist dem Unheiligsten zu. Irgendwo zwischen Alltag und Ewigkeit, zwischen Gramsci und Franziskus, zwischen Himmel und Erde, zwischen Sardinien und dem Festland lag das Glück: Ein Gefühl, das ich nie vergesse.

Am 16. April 2020 starb Luis Sepùlveda an den Folgen einer Corona-Infektion. Dem ehemaligen Leibwächter Allendes war es gelungen, Chile zu verlassen, bevor die Verfolger ihn ergreifen konnten. Sepùlveda überlebte in Deutschland, ein Bruder Antonio Gramscis, ein Verfolgter, ein Melancholiker: Der Schatten dessen, was wir waren.[43]

Tod und Verrat

Als ich Intendant am Staatstheater Kassel war, traf ich den Journalisten Hans-Klaus Jungheinrich (1938–2018), der eine Inszenierung besuchte. Ich lud ihn zu einem Abendessen ein, hütete mich, auch nur ein Wort zur Inszenierung zu sagen. Ich erzählte ihm von meiner Idee der Gramsci-Oper. Ich übergab ihm die Skizze, das Szenarium und die Besetzung für Sänger und Chor. Ich schwärmte vom Gesang der Wale. Wir aßen und tranken und er verschwand in der Nacht.

Nach 20 Jahren meldete sich bei mir ein Komponist, Cord Meijering. Ich hatte noch nie von ihm gehört. Jungheinrich sei seit zwei Jahren tot, aber er hätte das Libretto für die Gramsci-Oper zu Ende geschrieben und ihm zur Komposition gegeben. Die Oper sei fertig und ich sei als Spiritus Rector sogar erwähnt. Ich begann sofort, alles für die Realisierung der Oper in die Wege zu leiten. Ich schlug sie Claus Spahn in Zürich vor, aber auch Peter Spuhler in Karlsruhe. Gramsci? Wer ist Gramsci?

[43] Luis Sepulveda: Der Schatten dessen, was wir waren. Zürich 2011. (Original: La Sombra de lo que fuimos.) Aus dem Ankündigungstext: »Sepùlveda erzählt von Verlierern, doch man könnte sie – mit dem Autor – auch anders charakterisieren: ›Ich will denen eine Stimme geben, die versucht haben, die Welt zu verändern.‹ Darum ging es, um nicht mehr und nicht weniger. Dass die Figuren des Romans trotz des Scheiterns nie ihren Glauben an Humor und Liebe verloren haben, macht sie am Ende zu Gewinnern.«

Die Gramsci-Oper sollte auf Sardinien uraufgeführt werden und danach in Konstanz als meine letzte Produktion. Covid kam. Die Theater wurden geschlossen, alles zerfloss. Der Komponist bekam ein Ausfallhonorar und verschwand. Der für die Uraufführung in Sardinien vorgesehene Dirigent, Antonio Puglia, kam zu Besprechungen nach Deutschland, erhielt die Noten der Gramsci-Oper und verschwand. Mein Referent versorgte sich ebenfalls mit dem Klavierauszug, verschwand und wurde Intendant. 26 Jahre nach meiner Idee zur Gramsci-Oper erfahre ich, dass in Görlitz 2025 eine Gramsci-Oper uraufgeführt werden soll.

Das ist der Sarkasmus der frühen Jahre, der Triumph der Diebe geistigen Eigentums, über die Gramsci in Turin den Kopf schüttelte, sich sicher war, dass sie über alle Zeiten hinweg zu den Gewinnern der Geschichte gehören.

> »Die Krise besteht gerade in der Tatsache, dass das Alte stirbt und das Neue nicht zur Welt kommen kann. In diesem Interregnum kommt es zu den unterschiedlichsten Krankheitserscheinungen«.[44]

Die sardischen Künstler haben die Idee einer Gramsci-Oper nicht aufgegeben. Das Werk muss ein Sarde oder eine Sardin komponieren, sie kennen den Klang der Steine, die Stimmen der Verzweiflung.

In Sachsen beschäftigt sich Uwe Hirschfeld seit drei Jahrzehnten mit Gramsci. Demokratische Künstler und Philosophen sind von unten her zu denken,[45] um die Hierarchien abzuschleifen. Davon ist das Theater in Görlitz weit entfernt, die Idee der Partizipation endet bei den meisten Deutschen, wenn sie auf dem Chefsessel Platz genommen haben. Es braucht Institutionen, in denen Hierarchien aufgelöst werden. Die Theater gehören schon lange nicht mehr dazu. Fabriken brauchen Vorbilder. Wer geistiges Eigentum stiehlt, ignoriert die Intelligenz des Einzelnen. Gramsci ist ein Vertreter emotionaler Intelligenz und die findet sich hin und wieder in der Oper, im Zusammenspiel von Worten und Melodien, im theatralen Text. Gramscis Blick auf die Welt war geprägt von seinem hohen Einfühlungsvermögen, die Konsequenz seiner eigenen Leidensgeschichte. Sie bildete die Grundlage für eine Sozialpsychologie des Kapitalismus.

> »Das Phänomen, dass ein Mensch des frühen 20. Jahrhunderts [ein eigenes Denksystem formuliert], ohne über eine Bibliothek zu verfügen, und [dass seine Werke in den »Gefängnisheften« festgehalten sind], weist über sein Leben hinaus zurück in eine Zeit, in der das

---

[44] Antonio Gramsci: Gefängnishefte, Band 2, Heft 3, § 34, Hamburg 1991, S. 354f.

[45] Uwe Hirschfeld: Notizen zu Alltagsverstand, politischer Bildung und Utopie. Hamburg 2015, S. 109f.

Denken in Gefängnissen [intellektuellen Gefangenen] noch möglich war.«[46]

Der Komponist Ennio Porrino

Als Kind musste Ennio Porrino[47] Sardinien verlassen. Erst als erwachsener Mann kehrte der Musiker auf die Insel zurück. Verzaubert von seiner Heimat, komponierte er die sinfonische Dichtung *Sardegna* und kurz vor seinem Tod beendete er die Oper »I Shardana«. Bei der Uraufführung in Neapel, im *Teatro San Carlo,* löste sie Begeisterungsstürme aus.

»Abgesehen von vielfachem Szenenbeifall zählte man nicht weniger als 20 Jubelrufe des Publikums, von denen etliche allein dem Komponisten galten [...]. Die Quelle seiner Inspiration ist zu weiten Teilen im sardischen Gesang zu finden. Dessen bedient sich Porrino ungezwungen und überführt ihn in seine ganz persönliche Art des Ausdrucks.« (Nino Fara)

»Die Partitur zeugt von einem sicheren und begnadeten Gespür für Instrumentierungs- und Orchestrationstechnik, die an Respighi und zuweilen auch an Strauss erinnert und eindrucksvoll vor allem die Chorpartien umrahmt.« (Fernando L. Lunghi) [48]

Es dauerte viele Jahre, bis »I Shardana« in Sardinien auf die Bühne kam: am 7. Oktober 2010 im Teatro Lyrico di Cagliari und am 17. September 2018 im Amphitheater auf der Halbinsel Tharros.

»Die Handlung besteht aber aus keiner pseudohistorischen Rekonstruktion, sondern sie ist eigentlich zeitlos. Die Nuraghen auf der Bühne, die an die berühmten sardischen Bronzen erinnernden Kostüme haben keine tiefere Bedeutung, sie stehen nur als Symbol für die Insel und ihr Volk. Wir begegnen keinen starren Helden, keinen legendären Ereignissen. Zwar ist die Umwelt mythologisch und der Rahmen prähistorisch, aber in ihr agieren Menschen von Fleisch und Blut. Es treten keine Marionetten in der Maske sardischer Bronzen auf, sondern ein ganzes Volk zeigt sich in seinem teils glücklichen, teils tragischen Schicksal. Das Volk wird in seiner typischen Schichtung gezeichnet: Bauern und Hirten, Seefahrer und Krieger. Die beiden letzten Volkstumsgruppen sind schon frühzeitig den Eroberern zum

---

[46] Christoph Nix: Der Prozess gegen Antonio Gramsci, Italien 1928. In: Lexikon der Politischen Strafprozesse. Stiftung Kurt Groenewold 2019; www.lexikon-der-politischen-strafprozesse.de/glossar/gramsci-antonio/ (15.1.2024).

[47] Ennio Porrino (1910–1951) war ein sardischer Komponist, Schüler von Ottorino Respighi.

[48] Zitiert nach Stefania Bérbera Porrino: Ennio Porrino; ennioporrino.de (29.7.2024).

> Opfer gefallen, nur die Bauern und Hirten tragen heute den Volkscharakter der Sarden. Sie bilden auch in Porrinos Oper das Zentrum, die Achse, um die sich alles dreht. Die pastoralen Szenen sind von höchster musikalischer Dichte.«[49]

Porrinos Werk ist nicht einfach eine äußerliche Bearbeitung der Inselfolklore im Sinne einer Auffrischung, sondern er versucht, das musikalische Erbe aus dem Inneren heraus neu zu erleben. Der Literaturwissenschaftler Felix Karlinger hat beide, Gramsci und Porrino, in seiner Festschrift zum 60. Geburtstag vereint.[50] Gramscis Kulturbegriff war stets Ausgangspunkt seiner Philosophie der Praxis,[51] so wie die Oper *I Shardana* ein Lied über die »Kultur der Vielen« sein sollte, das Lied einer historischen Multikultur.

[49] Felix Karlinger: Ennio Porrino; ennioporrino.de/ishardana.html (29.7.2024).

[50] Dieter Messner (Hrsg.): Europäische Volksliteratur. Festschrift für Felix Karlinger. Raabser Märchen-Reihe. Band 4. Wien 1980.

[51] Iso Baumer: Volks- bzw. Nationalliteratur bei Antonio Gramsci. In: Ebd., S. 38f.

7. Der große Fluss (2000)

Ein Landarzt aus Bayern wollte sein verlassenes Haus verkaufen. Ich hatte zufällig die Kleinanzeige in der *Süddeutschen Zeitung* gelesen. Ich rief ihn an. Er entschuldigte sich, das Haus sei heruntergekommen, aber ich könne hinfahren und zur Probe dort wohnen. Der Ort heiße *Fluminimaggiore* und liege in der *Sulis*, der Südwestregion Sardiniens, nahe der Stadt *Carbonia*, nur fünf Kilometer vom Meer entfernt. Käme man von Norden her, so müsse man über die Berge fahren.

»Über die Berge fahren« – welch eine Beschreibung für eine der schönsten Touren, die kaum ein Tourist kennt. *Flumi*, wie er den Ort liebevoll nannte, liegt im Abseits der großen Insel. Man biegt bei *Arborea* von der Nationalstraße SS 131 ab und gelangt dann auf der SS 126 nach *Guspini*, man fährt durch Felder und sieht große, landwirtschaftliche Betriebe, dann durch die Stadt, die grau und verlassen wirkt. Warum sollte man anhalten? Am Ortsausgang zieht die Straße steil an. Hier beginnen die Serpentinen, überall Granit, hohe Berge, Ausblick in die Täler. Auch *Arbus*, die Bergarbeiterstadt, ernüchtert. Aber auf keinen Fall darf man dort am Museo del Coltello Sardo vorbeifahren.

Ein Schmied, der seine Messer entwirft und mit eigener Hand formt, hat dieses Museum errichtet. Gleich ums Eck ist eine sardische Bierkneipe: Karg, Ichnusa Flaschenbier, freundliche Gesichter. Die jungen Leute verschwinden, wie überall auf der Insel, seit Jahren, seit Jahrhunderten. Sie fehlen im Stadtbild. Die Messer sind Kunstwerke, erzählen Geschichten über das Leben, die Arbeit, das Handwerk, den Gebrauch blanker Klingen. Hier wurde das gerundete Messer mit nach unten gerichteter Spitze konstruiert, ein scharfes Messer mit breiter Klinge. Übertroffen wird dieses Messer noch vom Guspini-Messer, bei dem die Spitze völlig fehlt. In den Souvenirläden erzählen sie, es sei zur Schafschur gemacht oder man könne es als Käsemesser nutzen. Das mag alles sein, erfunden wurde es, um bei aufflackernden Konflikten, bei Schlägereien, tödliche Verletzungen zu vermeiden. Wenn der Mensch schon gewalttätig ist, dann müssen die Waffen entschärft oder zu Pflugscharen werden. Das ist Schnee von gestern.

Tina, meine Frau, die Kinder und ich überquerten die erste Bergkette, vor uns eine Hochebene, Wiesen, Pferde, Wildschweine, als sei man unten im Tal. Hier oben wachsen Blumen, Kakteen, Kräuter, die das Aroma verströmen, das auch den sardischen Honig ausmacht. Tina schaute nach den Kindern auf der Rückbank, der kleine Johannes blickte aus dem Fenster, Marie hörte Bibi Blocksberg zum 15. Mal. Wir hörten mit. Kopfhörer gab es nicht.

Auf den ersten Blick enttäuscht das Städtchen *Fluminimaggiore*, das Meer liegt irgendwo, Bauruinen und ein Supermarkt. Der Ort hatte knapp 3.000 Einwohner. Lange nach unserer Reise in das Haus des Doktors hat ein Journalist, der als Rentner in seine Heimat zurückgekehrt und dort Bürgermeister geworden ist, nach Ideen gesucht, wie man die Region attraktiver machen könnte. Dabei entstand das Projekt *Happy Village*: ein Seniorenzentrum für ausgediente, wohlhabende Europäer, ein Paradies für den europäischen Mittelstand. Leerstehende Häuser sollten altersgerecht renoviert werden und nicht mehr als 1.200 Euro im Monat kosten, ärztliche Betreuung und Kulturangebote inbegriffen. Durch den Ort fließt der Fluss Rio Mannu. Er trieb früher mehrere Mühlen an, die sowohl Korn als auch Steine zerreiben konnten. Eine der Mühlen ist heute ein Museum.

Der freundliche Arzt aus Bayern hatte uns den Namen einer Familie genannt, die gleich ums Eck wohnte. Er war Bergarbeiter und kochte, sie webte und schrieb Gedichte. Zuerst sollten wir einmal ins Haus gehen, sagte die Frau, die Türen seien offen, hier stehle niemand. Die beiden Kinder mussten sich bewegen, zu lange war die Fahrt im Auto und wir hatten sie neugierig gemacht auf das kleine Hexenhaus.

Da lag es, direkt an der Hauptstraße gegenüber einer Autowerkstatt. Wir parkten, nahmen die Koffer, betraten vorsichtig das Haus. Ein wunderbarer Duft kam uns entgegen: Tomaten, Basilikum, unbekannte Kräuter. Auf dem Herd, auf kleinster Flamme, köchelte eine italienische Tomaten-Kräutersauce, ein *Sugo sardo*. Auch frische *Ravioli sardi* warteten auf uns.

Was für wunderbare Nachbarn, die beiden alten Leute! Wie konnten sie wissen, wann wir kommen? Wie gelang es der Frau, die Sauce so zu erhitzen, dass sie nicht anbrannte? Wo waren wir gelandet? Das Haus war mit wenigen Möbeln eingerichtet, in einem Schrank lagen Hosen von gewaltiger Größe und Breite. So erfuhren wir mehr über den Arzt aus München, der uns das Haus überlassen hatte. Essen mit den Kindern und ihrer liebevollen Mutter, verschmierte Münder. Aber wo war das Meer, der Strand, wo waren die Sandburgen, die Eisdielen für die Kinder und ihre erholungsbedürftigen Eltern? Es war spät, das Meer musste warten.

Schafe – die wichtigste Ressource Sardiniens

Unruhige Nacht, die Moskitos krochen aus den Ritzen hervor. Es summte. Wenn ich das Licht angemacht und zwei erwischt hatte, rächten sich ihre Brüder und Schwestern an unserem weißen Fleisch. Die ganze Nacht leuchteten die Straßenlaternen mit ihrem gelben Licht auf mein Kopfkissen. Fremde Geräusche. Die Sonne brannte schon am frühen Morgen auf die Bergarbeiterstadt. In der Werkstatt gegenüber wurde gehämmert und geschraubt und es roch nach frischem Espresso und Motoröl. Wir waren mitten in der Geschichte der Arbeiterbewegung gelandet. Ich holte *Panini*, musste wie immer morgens losziehen, mich bewegen, die anderen hinter mir lassen, frei sein. »Buongiorno, Sardegna: Das Leben ist schön.«

Nach dem Frühstück fuhren wir los, durch die kleine Stadt mit dem großen Fluss, vorbei am Supermarkt. Ein fettes, grünes Tal, trotz Hochsommer bunt, Pinien, Palmen, Schilf und überall Schafe, die Straße holprig, voller Kurven, bis die wilde See zu riechen, zu sehen und zu spüren war. Die Westküste, Wellen so hoch wie am Atlantik, offen das Meer, die Bucht breit, der Sand fein und weiß, die Augen geblendet. Rote Fahnen: Sturmwarnung!

Nach Norden hin liegt am Ende der großen Bucht eine kleine Siedlung, *Portixeddu*, mit Ferienhäusern und Fischerhütten, und am Südende, an den Berg geklatscht, die Bergarbeiterstadt *Buggerru*. Ja, *Buggerru*. Hier fing alles an, die Kämpfe der Bergarbeiter für ein besseres Leben und die blutige Niederschlagung der Aufstände. Hier hätte ein sardischer Sozialismus beginnen können. Ein Sozialismus der Bauern, der Tagelöhner, der Arbeiterinnen und der Ingenieure, der Facharbeiter und der Intellektuellen. Die anderen waren stärker: die Eigentümer, die Engländer, der italienische Staat und die Carabinieri. Sie schossen auf Männer, Frauen und Kinder.

Buggerru, das kleine Dorf an der Westküste Sardiniens, war 1903 für den Kampf der Minenarbeiter gegen die internationalen Bergbaugesellschaften von großer Bedeutung. Zentrale Figur in der Region *Sulcis-Iglesiente* war Giuseppe Cavallera, ein Norditaliener, der mit 20 Jahren nach *Cagliari* gekommen war, um der politischen Verfolgung im Piemont zu entgehen. Er studierte Medizin, kümmerte sich um kranke Minenarbeiter und ihre Familien, verbreitete die Idee eines utopischen Sozialismus. Cavallera war ein undogmatischer Sozialist, der seine Überzeugungen lebte. Nachts las er die Klassiker und versuchte die Welt zu verstehen, tagsüber ging er durch die Hütten, hörte die vom Staub zerstörten Lungen der ausgemergelten Minenarbeiter ab. Die Landwirtschaftskrise, die bittere Konkurrenz auf dem italienischen Festland, hatte Tausende von Bauern und Hirten in die Bergbauindustrie getrieben. Rechtlos, krank (»Ihre Spucke ist schwarz wie die Kohle«),[52] ausgebeutet von französischen und belgischen Konzernen, hausten sie in Baracken und Hütten. Cavallera wollte die Entrechteten organisieren, er sah, dass es keine Medizin gegen die Staublunge gab außer den Kampf für soziale Rechte. Er wurde verfolgt und inhaftiert, der Strafprozess fand vom 17. Juli bis zum 3. August 1901 statt und er bekam sieben Monate Gefängnis.

> »Ein sanfter junger Mann, der immer realistisch einzuschätzen wusste, was erstrebenswert und was machbar war, welchen Preis man für eine zumindest wahrscheinliche Errungenschaft zahlen musste [...] 1903 gehörte er zu den Gründern der ersten Assoziation von Bergarbeitern in Buggerru.«[53]

Davon wissen all die Urlauber und Camper wenig, man erzählt es ihnen nicht und sie hören auch nicht zu. Ihre Wohnmobile stehen oben am Berg, über dem Strand, wo der Blick weit über die Küste und das Meer geht. Das Meer tröstet. Mit Tina konnte ich in solche Geschichten eintauchen, wir verstanden uns in unserer Sehnsucht nach einer gerechteren Welt, wir waren uns nahe, wenn wir Mitgefühl hatten. Tina ließ mir immer Zeit, ich fühlte mich frei mit ihr, selbst wenn Familie mir Angst machte. Ich wusste, warum ich sie liebte.

Wie schwer war das Leben der einfachen Leute. Brot, Käse und Wein. Mehr war nicht. An den Sonntagen, den wenigen Stunden, an denen

---

[52] Aus dem Bericht des Untersuchungsausschusses zur Lage der Bergarbeiter im Sulcis, zitiert nach Fiori, S. 38.

[53] Francesco Manconi: Giuseppe Cavallera e i lavoratori del mare di Carloforte (1897–1901). Cagliari 1977. Eigene Übersetzung.

Männer, Frauen und Kinder frei hatten, sah man sie am Strand, mit den Füßen im Wasser, Mutige sprangen sogar ins Meer.

Die barbarisch betriebene Ausbeutung der Grubenarbeiter versteht man nur, wenn man die Logik des Kapitals und des Kolonialismus versteht, die Konkurrenz dieser Männer, die andere unter die Erde schicken, damit der Stein, das Blei, das Eisenerz sie zerfrisst. Die Minendirektoren waren mit ihren Buchhaltern aus England und Frankreich gekommen.

Im September 1904 kam es in *Buggerru* zu einem Aufstand und zu einem Blutbad.

> »Seit fünf Tagen streikten die Arbeiter gegen neue Arbeitszeiten, die für sie nicht mehr tragbar waren [...]. Seit dem frühen Nachmittag verhandelten Cavallera und Batelli mit Achille Georgiades, einem Griechen türkischer Abstammung, Direktor der französischen Bergwerksgesellschaft ›Malfidano‹ und seinem Assistenten Steiner, einem Schweizer, über die Möglichkeiten einer Einigung. Während die Verhandlungen noch im Gange waren, rückte das Militär in Buggerru an [...]. Nachdem die Soldaten das Direktionsbüro umstellt hatten, wurden einige Arbeiter damit beauftragt, ein Lagerhaus als Unterkunft für die Truppe herzurichten. Sie gehorchten, wurden aber von anderen als Streikbrecher betrachtet. Es flogen Steine, die Soldaten schossen, drei Bergarbeiter wurden getötet, elf verletzt.«[54]

Nicht weit vom Hafen entfernt steht das Denkmal: Auf dem Boden liegen drei Minenarbeiter in Arbeitskleidern, Arme und Beine ausgestreckt. Am 4. September 1904 hatten Soldaten drei Menschen getötet, der vierte starb einen Tag später. Auf dem Mahnmal fehlt er. Er taucht in keiner Chronik auf, er ist vergessen worden. Wir aber müssen ihn suchen. Woher kam er? Wie alt war er? Wie hießen seine Kinder, wie hieß seine Frau?

Er darf nicht versinken in der Geschichtslosigkeit bürgerlicher Geschichtsschreiber, denen die Armut und der Staub fremd sind. Der Staub aus den alten Minen, der in *Buggerru* aufgewirbelt wird, wenn Wind aufkommt. *Buggerru* liegt an einem ungeheuer reizvollen Tal, aber geopolitisch völlig abgeschlagen, am Ende der Welt.

Kehren wir zurück an den Strand. Fünf Kilometer lang zieht sich ein weißer Badestrand bis zum Fischerdorf, kleine Buchten, Hügel, Macchia, Felsen, unberührte mediterrane Welt. Wir waren am *Spiaggia di San Nicolò*. Frei der Blick, keine Schirme, am Horizont sprangen Delphine. Nicht weit vom Strand entfernt eine Wanderdüne, ein römischer Tempel, ein Berg im Meer, der Sardische Zuckerhut, und Wälder. Überall in den Felsen finden sich Eingänge zu verschütteten Bergwerken. Man kann den ganzen Tag am Strand bleiben, abends in eine der weni-

[54] Fiori, S. 40–41.

gen Kneipen und Restaurants gehen, glücklich sein. Geht man jedoch auf Spurensuche, findet man Geheimnisse. Reste anderer Kulturen? Waren die Etrusker hier? Wie weit kamen die Faschisten? Was dachten die Fischer? Hatte Berlusconi sie ruiniert?

Enrico hatte seine Hand verloren beim Fischen mit Sprengstoff. Gianni war ein wandelnder Opernführer, Fischer und Komponist. Giorgio glaubte nicht mehr an den Sozialismus. Er wählte Berlusconi. *Buggerru* hat einsame Männer, einen Hafen, dessen Zufahrt versandet ist, zerfallene Gebäude aus der Zeit des frühen Kapitalismus, einen Friedhof zwischen Berg und Tal und ein kleines Theater, das keiner mehr bespielt.

Wir waren schon einige Tage hier, mittags in der Gluthitze zurück ins Haus und abends wieder an den Strand. Es hätte so weiter gehen können. Wir hatten unsere Liebe und die Kinder einen Sonnenbrand. Ich hütete mich vor der Sonne und Tina achtete darauf, dass die Sonnenmilch meinen Körper überall bedeckte, nicht wie eine Mutter, sondern wie eine Frau, die mich liebt. Dann trafen wir Elisabeth. Sie lebte in *Buggerru,* war eine junge Schweizerin, die sich in einen älteren Fischer verliebt hatte.

Ein Patriarch, ein Freund fürs Leben, mit einem großen Herzen. Elisabeth und Gianni brachten Abwechslung in unseren Urlaub. Sie zeigte uns die besten Kaufläden. Wir aßen und tranken miteinander: Heimkommen nach Sardinien. Am Abend fuhren wir wieder zurück nach *Flumi*, die Sauce stand auf dem Herd, wir besuchten unsere Nachbarn, der alte Minero las uns Gedichte vor.

Elisabeth lud uns zu sich nach Hause ein. Eine winzige Wohnung, zwei Zimmer, ein Bad. Auf dem Tisch lag ein gegrillter Schwertfisch, gejagt und gefangen, erlegt und zerlegt vom großen Sohn. »Einen solchen Fisch kann man nicht fangen«, sagte er, »er schenkt sich einem, er ist ein Geschenk der Natur, ohne seinen Willen geht nichts. ER hat sich entschieden sich uns zu schenken, damit wir ihn essen.«

Das verändert den Blick, öffnet den Raum für eine tiefe Dankbarkeit. Elisabeth, Gianni und ihre Kinder hätten uns alles gegeben. Diese Gastfreundschaft beschämte und beglückte uns, wir fühlten uns zu Hause. Gianni ist ein großer Geschichtenerzähler. Ich habe ihn verstanden, weil seine Sprache bildhaft und gestenreich ist. Johannes und Marie saßen am Tisch mit großen Augen. Tina, wo bist du? Ich sehe dich nicht, sehe ich immer nur die anderen? War ich glücklich in Sardinien? Glücklich mit dir? Seit der Reise nach *Villasimius* hatte sich etwas verändert.

Am nächsten Tag zeigte uns Elisabeth die Berge, die mächtige Düne, die sich im Wald versteckt hatte. Schmale Wege, Schafe und Ziegen sprangen uns an. Dann sahen wir den Tempel von Antas, eine vollständige Tempelanlage, es sieht aus wie in einer Filmkulisse, die Griechen gegen die Punier, oder waren es die Römer?

Antonio Gramsci dachte darüber nach, wie es den Herrschenden immer wieder gelingt, die Unterdrückten für sich zu gewinnen. Welche Kraft haben ihre Worte, dass die Menschen ihren Verstand verlieren? Berlusconi hatte gerade begonnen, die öffentlich-rechtlichen Rundfunkanstalten zu zerschlagen oder für sich zu nutzen. Die einfachen Leute lasen keine Tageszeitungen mehr und ihr Kinder bewegten sich in den sozialen Medien.

8. Auf dem Weg zur Hochzeit (2001)

Wir waren zehn Jahre zusammen. Sollten wir tatsächlich heiraten, alle 68er-Regeln verletzen, dann auf Sardinien. Wir sind in der Welt ohnehin Fremde geblieben. In Ost und West. In Nord und Süd. Es ist leichter, «Sì« zu sagen. Und dennoch, man kann den Menschen nicht alle Rituale, Sakramente nehmen, solange sie nichts Besseres haben. Gramsci wusste das. Unabhängig von der Gottesfrage müssen wir unsere Toten begraben, Bündnisse eingehen, die Ernte feiern oder unseren Kindern Namen geben. Wir entschieden uns für *Buggerru*, da wir Elisabeth vertrauten und dem Kurs der Schiffe, der Kraft der Fähren, dem Blick des Kapitäns. Gischt spritzte auf, Wind kam von Osten, Touristen verließen das Oberdeck, Raucher und einsame Matrosen waren die letzten Passagiere im Wind. Wir standen neben ihnen: Mutter, Vater und Kinder. Es stimmte, zumindest für den langen Augenblick.

Am 7. Juli 1924 schrieb Antonio Gramsci an Giulia Schucht: »Liebe Julka, die Erinnerung an deine Zärtlichkeit macht mich fiebrig.«[55] Gramsci war 33 Jahre alt. Ich war fast 50. Was für ein Leben. Der Weg zur Hochzeit führte uns über die ganze Insel: Die Schornsteine von *Porto Torres*, die schlanke Autobahn und die hohen Berge, die Granitfelsen unter blauem Himmel *Flumi* lagen links, das Tal rechts und wieder das Meer. Wir fuhren in einem fremden Land nach Hause. Tina legte zärtlich die Hand auf meine Schulter. Freude kam auf: Gianni, die Kinder, der Staub und die Toten von *Buggerru*. Elisabeth hatte uns eine Wohnung besorgt mit einem Balkon zum Meer. Es müssen arme Leute gewesen sein, Geschirr und Besteck aus Plastik. Eiserne Betten, nackte Tische und Staub. Tina und ich waren schüchtern auf dem Weg zur Hochzeit. Nachts stiegen wir in unsere knarrenden Betten. *Buggerru* war leer, der Tourismus hatte die kleine Stadt völlig vergessen, für uns ein Segen, aber der Wunsch der Einwohner nach mehr Wohlstand war verständlich. Der Hafen war ein Desaster. Die Hafeneinfahrt war zu: ein Sandhafen. Für Boote mit einer Tiefe von mehr als einem Meter unbefahrbar. Sie hätten Bagger gebraucht, die Tag und Nacht das Becken freischaufeln: Bagger für *Buggerru*.

Gianni wusste, dass alles der Finanzmafia anzulasten war, denen die Fischer am Arsch vorbeigingen. Fischer brauchen Boote und Häfen. Die einzige Alternative war Fischen mit Dynamit, kein Geschenk Gottes, keine Gabe der Natur. Ernesto hasste die Deutschen, er war als Kind in Marburg gewesen und sie hatten ihn behandelt wie Dreck: »Hau ab, Spaghetti! Hau ab!«

---

[55] Zitiert nach Fiori, S. 176.

Bier trennt. Wein verbindet. Wir tranken viel. Einmal lieh Gianni mir sein Motorboot. Ich fuhr mit Tina und den Kindern die Küste entlang. Höhlen, versteckte Schlösser in Stein, das Wasser in allen Grün- und Blautönen, die Küste von *Buggerru*. Unser Boot tuckerte bis zu dem kleinen Ort *Masua*. Wir sahen schon den Berg, den *Pan di Zucchero*, ein 132 Meter hoher Felskegel mitten im Meer. Überall Minensiedlungen und der Hafen von *Porto Flavia*.

Bis in die 1930er-Jahre haben die Arbeiter Zink und Blei von den Minen zu den Schiffen tragen müssen. Es knatterte und qualmte, hinten saßen meine Frau und Marie. Johannes und ich am Steuer. Was für eine Zumutung. Ein Höllenlärm und eine bewegte See. Der Motor stotterte, ruckte und dann ging er aus. Unser Boot war den Wellen und der Strömung ausgeliefert: kein Segel, kein Paddel, kein Funkgerät an Bord. Wie leichtsinnig ich war auf dem Weg zu unserer Hochzeit. Johannes half mir nach hinten zu klettern. Im Schaukeln der Wellen schraubten wir die Zündkerze heraus, mit einem trockenen Taschentuch säuberten wir sie und setzten sie wieder ein. Immer näher kamen die Felsen. Das Zündkabel aufgesetzt, den Anlasser gezogen – Gott sei Dank, der Motor sprang an. Wir waren gerettet.

Erschöpft tuckerten wir wieder zurück in den Hafen von *Buggerru*, von Weitem winkte uns Ernesto mit dem einen Arm zu und wir warfen ihm das Tau an Land. Die Kinder hatten den Ernst der Lage nicht erkannt und Tina hatte mir vertraut. Ernesto aber spürte, dass wir knapp einem Unglück entronnen waren. Überglücklich nahm er uns in seinen einen Arm, als könnte er damit die ganze Welt umarmen. Wir hatten einen neuen Freund gefunden.

Am nächsten Tag weckte uns Elisabeth. Der Bürgermeister hätte sich jetzt mit den Trauzeremonien beschäftigt, es sei seine erste zivile Eheschließung und wir sollten unbedingt ins Rathaus von *Buggerru* kommen. Tina zog ihr blaues Kleid an, ich ein weißes Hemd und die Kinder waren schön wie immer. Das Rathaus war leer, wie ausgestorben. Gianni kam, fröhlich und gut gelaunt, sein Sohn, der Harpunenfischer, und die kleine Tochter, dann ein paar Angestellte der Bürgermeisterei. Irgendwann funktionierte auch das Licht, dann hörte man einen Mann die Treppe hoch schnaufen: Der Bürgermeister mit einer riesigen Schärpe um den Bauch, Rot-Weiß-Grün. Die Farben der Republik Italien. Es war so weit. Es war der 7. Juli 2001.

80 Jahre vorher lernte Antonio Gramsci in der Stadt *Iwanowo* bei *Moskau* Giulia Schucht kennen. Zum ersten Mal in seinem Leben verliebte er sich. Aus Angst vor einer Enttäuschung hielt er seine Gefühle zurück. Seine körperliche Missbildung hemmte ihn. Einmal schrieb er an seine Schwester:

»Seit vielen Jahren glaube ich, dass es für mich absolut, in gleichsam schicksalhafter Weise unmöglich ist, geliebt zu werden.«[56]

Aber Giulia verbrachte lange Stunden mit dem kleinen zerbrechlichen Mann, der eine starke innere Ausstrahlung hatte. Später schrieb er:

»In Gedanken bin ich noch einmal zurückgegangen, habe die Erinnerungen unseres gemeinsamen Lebens aufgesucht; vom ersten Tag, an dem ich dich in Serebrani Bor sah und nicht wagte, das Zimmer zu betreten, weil ich so schüchtern war«.[57]

Der Bürgermeister baute sich vor uns auf, seine Frau kam dazu, unsere wenigen Hochzeitsgäste standen in einem Kreis beieinander: Elisabeth, Gianni, ihre und unsere Kinder, einige Verwaltungsbeamte und Sekretärinnen, die neugierig waren auf die verrückten Deutschen, die ohne ihre Familien heiraten wollten. Die Rede des Bürgermeisters war lang und es schien, als würde er auch noch alle Paragrafen aus dem italienischen »Codice Civile« verlesen. Elisabeth übersetzte uns, sicher eine Zusammenfassung, am Ende mussten wir beide nacheinander »Sì« sagen. Seitdem sind Tina und ich verheiratet.

Der Bürgermeister lud uns in die einzige Bar ein, es gab Prosecco für alle. An unserem Auto hingen Blechbüchsen. Die Kinder hatten Reis bekommen und bewarfen uns damit. Irgendwie traurig schauten uns die Sarden zu, so eine kleine Hochzeit hatten sie noch nie gesehen, keine Mütter und Väter, keine Schwestern und Brüder, keine Cousinen. Arme Leute mussten diese Deutschen sein oder geizig. Erst schepperten wir durch das Dorf, dann fuhren Gianni und Elisabeth mit uns raus aufs Meer. Das war unsere Hochzeitsreise. Danach gab es Schwertfisch in einem Restaurant am Strand. Eine Junior-Fußballmannschaft war da, sie sangen uns ein Ständchen. Am frühen Nachmittag fuhren wir in unsere staubige Wohnung und liebten uns wie am ersten Tag. Unsere Hochzeitsnacht war ein Nachmittag, als die Kinder schliefen.

Gramsci schrieb 1923 an Giulia Schucht:

»Wie oft habe ich mich gefragt, ob eine wirkliche Beziehung zu einer Masse von Menschen für jemanden möglich ist, der nie einen Menschen geliebt hat, nicht einmal die eigenen Eltern; ob man eine Gemeinschaft lieben kann, wenn man nie einzelne Menschen wirklich geliebt hat. Musste sich das nicht auf mein Leben als militanter Sozialist auswirken, und mussten meine Qualitäten als Revolutionär dadurch nicht zu einer sterilen, rein intellektuellen Angelegenheit werden? Ich habe sehr viel darüber nachgedacht, besonders in den letzten Tagen, weil ich viel an Dich gedacht habe – wie Du in mein Leben

[56] Zitiert nach Fiori, S. 30.
[57] Zitiert nach Fiori, S. 157.

getreten bist und mir Liebe geschenkt hast. Und damit das gegeben hast, was mir immer gefehlt hatte und was mich oft so gehässig und verbittert gemacht hat.«[58]

Solch eine liebevolle Beschreibung kennen wir nicht von Lenin, Trotzki, noch von einem anderen Vertreter des Sozialismus der damaligen Zeit. Sie gleichen aber den Liebesbriefen von Rosa Luxemburg. Unsere unerfüllten Wünsche, unsere Sehnsucht nach Zuneigung, nach Liebe spiegelt sich in der Philosophie des Sarden Gramsci wider, die von einem tiefen Humanismus bestimmt war.

Einige Tage nach unserer Hochzeit verließen wir *Buggerru* und fuhren über die Berge, nach *Senorbi*, *Mandas, Sadali* in Richtung Ostküste, um nach *Santa Lucia* zu kommen.

Es fühlte sich gut an, der utopische Sozialismus und die Ehe freier Menschen schienen sich nicht auszuschließen. Es war schön, wie Tina neben mir im Auto Sardinien entdeckte. Wir hatten uns Zeit genommen, wir wollten die Ostküste mit der Westküste verbinden. Beide Seiten der Insel waren verschieden, wie wir es waren. Wir hatten in der Fremde eine Heimat gefunden: Die Einheit beginnt zu zweit.[59]

Die Strecke quer über die Insel von *Guspini* nach *Sanluri*, von dort Richtung Nordosten, *Nurralao, Meranai*, später *Mamoiada*, über *Nuoro* nach *Buddusò*, *Alà dei Sardi*, *Piras, Concas* nach *Posada* und schließlich *Santa Lucia* ist die einsamste Strecke der Welt. Aber das störte uns nicht, die Kinder waren fröhlich und wir hatten für unsere Liebe eine Form gefunden, die uns nicht einschränkte. Deutschland war weit weg.

Die Heiratsurkunde aus Sardinien kam nicht an. Steuern ließen sich so nicht sparen. Der Kopierer sei kaputt, erklärte mir die Assistentin des Bürgermeisters. Berlusconis langer Arm reichte offensichtlich bis nach *Buggerru*. Nach elf Monaten kam die Post. Der Kopierer war nicht mehr zu reparieren und die Anschaffung eines neuen Gerätes war endlich von der Regionalregierung genehmigt worden. Sardinien hatte sich gegen das Festland durchgesetzt. Bis dass der Tod uns scheidet.

---

[58] Zitiert nach Fiori, S. 157.

[59] Vgl. das großartige Buch von Michael L. Möller: Die Einheit beginnt zu zweit. Reinbek 1992.

9. Die Gassen von Dorgali (2003)

Wir wollten mit dem Motorrad fahren. Einmal quer über die Insel. Johannes war zehn Jahre alt. Wie beeindruckt ein alter Vater seinen kleinen Sohn? Wenn schon nicht mit dem Motorrad von *Alghero* nach *Bosa*, dann mit einem offenen Sportwagen.

Der örtliche BMW-Händler lieh mir einen Z 3. Er selbst war Radfahrer und stand nicht auf Autos. Mein Sohn und ich brausten davon. Wir landeten an der Ostküste. Da ist er wieder, der große Berg *Tavolara*, an seinen Ufern wohnt »der kleine König«. Die Orte *San Teodoro* und *Budoni* markieren die Urlaubsstrände der frühen 1960er-Jahre. *Budoni* ist die Versorgungsbasis der umliegenden touristischen Einrichtungen: Sprachschulen und Flaniermeile, großer Fischladen (Pescheria Capra) und ein großer Campingplatz (*Pedra e Cupa*), ein schöner Strand, aber es interessierte uns nicht. Schöner war es, mit dem BMW Z 3 durch die engen Gassen von *Posada* zu fahren und bei Rino einzukehren, der unterhalb der Burg das »Sa Rocca« betrieb.

Das stand in völligem Gegensatz zu Gramscis Verständnis von Sozialismus. Aber wenn es um Kinder ging, war Antonio gnädig.

> »Ob ich dir wohl jemals wieder die Zunge herausstrecken kann? Wir sind jetzt erwachsene Menschen, werden bald ein Kind haben, und Kindern darf man nicht mit schlechtem Beispiel vorangehen. Oder doch?«[60]

Rino bekochte uns und zeigte mir Ferienwohnungen, die es damals noch günstig in *Posada* zu kaufen gab. Ich zögerte. Ein Fehler. »Sa Rocca« ist heute geschlossen, es gammelt vor sich hin: Es wartet auf eine neue Liebe, auf einen guten Koch, der Bohnengerichte mag.

Wir hatten ein kleines Haus direkt am Meer in *Santa Lucia*, wo ich zum ersten Mal mit Jana und ihrer Mutter war. Eine Wohnküche und eine enge Wendeltreppe ins Schlafzimmer: Das war alles. Aus diesem

---

[60] Gramsci an Giulia Schucht, zitiert nach Fiori, S. 169.

kleinen Schloss heraus besuchten wir den Leuchtturm von *Capo Comino*, aßen Pizza in *Santa Lucia* bei Georgio und Maria, die uns traurige Geschichten erzählte, und abends saßen wir in *Orosei* auf der Piazza unter einem Kastanienbaum.

Leicht fährt der eilige Tourist an *Orosei* vorbei, der Ort scheint unspektakulär, aber in der Einkaufsstraße zur *Piazza del Popolo* gibt es kunstvolle Messer, den besten Pecorino. Auf der Piazza ist es abends kühl, die Kneipen sind mit sardischen Spezialitäten und kühlem Weißwein gesegnet. Durch die Stadt führt der »Itinerario storico«, ein historischer Rundweg. Hier gibt es außergewöhnliche Sprachkurse, Dottore di Stefano lehrt nach der PDL-Methode, was immer das ist. Es ist der innere Widerspruch, den Menschen wie wir, Kleinbürger, Intellektuelle, zeitlebens mit uns herumtragen: Wir haben genug, aber wir wollen uns auf die Seite der Armen stellen. Irgendwann sollten wir uns entscheiden. Oder? Gramsci hatte sich entschieden. Nicht weil er ein besserer Mensch gewesen wäre, vielmehr weil er seinem Herzen folgte. Dazu steht ein BMW Z 3 in einem klaren Widerspruch.

»Hast du ein schlechtes Gewissen?« »Schon, aber es macht auch Spaß!« »Ist ja nicht für immer. Du hast den Wagen ja nicht gekauft.«

Ich gab Gas und stolz fuhren wir auf der Küstenstraße in Richtung Süden. Johannes ertrug mich, zwischen all dem Stress, den ich mir selbst machte, hatten wir ruhige Spaziergänge am Meer. Zwischen *Santa Lucia* und *La Caletta* fanden wir einen alten verrosteten Anker. Er war schwer, aber wir nahmen ihn mit. Wir bemerkten, dass uns drei Männer folgten. Es war heller Nachmittag, wir verstanden nicht, was sie von uns wollten. Blieben wir stehen, so hielten sie an, gingen wir schnell, beschleunigten sie ihre Schritte. Wir waren mehrere hundert Meter auseinander und konnten ihre Gesichter kaum erkennen, aber wir waren von Unruhe ergriffen.

Wir wussten nicht, worum es ging, der Anker war alt und verrostet. Hatten wir etwas verloren? Vermuteten sie, wir hätten etwas Wertvolles gefunden, das ihnen gehörte? Drogen? Wir rannten los. Die Männer hinterher. Als wir die Stadtgrenze erreicht hatten – ich wusste, dass die Station der Carabinieri nicht weit war – zog einer eine Pistole und schoss in die Luft. Nicht einmal, sondern dreimal. Zu spät, wir hielten ein vorbeifahrendes Taxi an und ließen uns zurück in unser Fischerhaus bringen. Atemlos saßen wir in der Küche. Das Licht gelöscht. Wir haben diese Männer nie mehr wiedergesehen und heute glaube ich, alles nur geträumt zu haben. Nachts ließ ich eine Lampe im Haus brennen.

Die Stadt *Dorgali* spielt in vielen Reiseführern eine untergeordnete Rolle. Reisende fahren hindurch, lassen den Ort links liegen. Sie erkunden lieber die Umgebung, die Nuraghen, die Strände. Sie fahren direkt durch den wundersamen Berg nach *Cala Gonone* und genießen den weiten Blick. In *Dorgali* liegen die Häuser eng beieinander, die Stadtbewohner bewahren ihre Geheimnisse, trinken ihren schweren roten Wein und haben mitten im Ort ein Museum für moderne Kunst errichtet.

In der Cooperativa Dorgali Pastori gibt es Hunderte verschiedener Pecorinosorten und in der Cantina Sociale nicht nur Cannonau, sondern auch den weitaus feiner schmeckenden Roten von der Rebsorte Cugnano. Mit dem BMW sind wir einmal steckengeblieben. Die Straße wurde eng und es rächte sich, dass wir nicht zu Fuß gegangen waren, wir kamen keinen Zentimeter weiter. Oh Gott, wie wir uns schämten! Langsam durch die engen Gassen zurück, Zentimeter um Zentimeter. Dann war es geschafft. »Überlebt«, sagte mein Sohn und dann tranken wir Rotwein und Limonade.

Als Delio Gramsci geboren wurde, im August 1924, war Gramsci in Italien. Giulia war in der Sowjetunion geblieben. Am 18. August schrieb er:

> »Während ich diesen Brief schreibe, ist unser Kind vielleicht schon geboren und Du hältst es im Arm und kannst es streicheln, nachdem Du so gelitten hast, um es auf die Welt zu bringen. Deshalb ist meine Freude mit Traurigkeit vermischt.« Und einige Tage später: »Die Hauptsache ist, dass das Kind lebt, dass es unser Kind ist und dass wir uns jetzt noch mehr lieben, weil wir uns selbst in ihm als stärker und glücklicher erfahren. Ich kann es kaum erwarten, mit Dir gemeinsam zu beobachten, wie das Kind seine eigene Persönlichkeit entwickelt. Ich glaube, ein wichtiger Moment ist, wenn das Kind zum ersten Mal seinen Fuß in den Mund steckt. Wenn es dies tut, musst Du es mir sofort mitteilen, denn dieser Akt bedeutet, dass es von den entferntesten Ecken seines Hoheitsgebietes Besitz ergreift.«[61]

Da ist er wieder, der Fuß, »Ichnusa«, der sardische Fuß und der Sarde Gramsci, der so viel Gefühl in seine Sprache legt, wenn er von der Liebe spricht. Gramsci bleibt immer in Sorge, ohnmächtig im Kerker, und Giulia bleibt zeitlebens psychisch labil. Was soll aus den Kindern werden? Sardinien ist eine Kinderinsel, weil es kinderfreundliche Strände gibt und weil die Sarden Kinder lieben.

> »Ich denke, dass die Erinnerungen an die Not und Entbehrungen, die in meiner Familie herrschten, als ich noch klein war, Bindungen und Solidaritätsgefühle entstehen lassen, die durch nichts mehr zerstört werden können. Glaubst Du, dass selbst in der besten aller kommunistischen Gesellschaften die Bedingungen der persönlichen Beziehungen wesentlich anders sein werden? Bis dahin dauert es bestimmt noch lange.«[62]

---

[61] Zitiert nach Fiori, S. 177.
[62] Zitiert nach Fiori, S. 179.

Diese Gedanken, die Gramsci seiner Frau mitteilte, sind geschilderte Ängste. Hält die Utopie? Ist Moskau tatsächlich noch das Zentrum eines menschenfreundlichen Kommunismus? Gramsci ist ein Zweifler. Er hätte gewiss die Stalinzeit nicht überlebt.

Johannes saß neben mir. Wir ließen uns die Sonne auf die Nase scheinen. Die Strecke von *Dorgali* nach *Santa Maria Navarrese* auf der SS 125 gehört zu den eindrucksvollsten Gebirgsstrecken der Insel. Zunächst führt sie über das Tal des Riu Flumineddu, gewaltige Weingärten links und rechts der Straße, dann hoch zum Pass, der auf über tausend Meter liegt, mit einem sardischen Gasthof, in dem es Ichnusa und Ziegenfleisch, Pasta und einfache Zimmer gibt, die am frühen Morgen nahe an der Sonne liegen. Wir wollten weiter und ließen die Schlucht, den gewaltigen Durchbruch des Flusses im Bergmassiv, die *Gola su Gorropu*, links liegen. Der Weg zwischen *Dorgali* und *Baunei* ist menschenleer, keine Dörfer, keine Städte, Sardinien.

Aber wir hatten gehört, dass es hier den sardischen Hirschen geben sollte. Er war fast ausgerottet, aber zum Ende des 2. Jahrtausends wurden im Naturschutzgebiet von *Sa Portiscra* einige überlebende Paare angesiedelt. Das liegt nordöstlich vom *Passo Genna Silana* und man erreicht es auf einer Piste, die etwa drei Kilometer über Feld und Stein führt. Hier verweigerte sich der Z 3. Der schwarze Lack hatte schon ein paar Schäden von den aufwirbelnden, feinen Steinen, die Reifen drehten durch. Wir gaben auf. Mit offenem Verdeck fuhren wir in Richtung *Baunei* davon, vorbei an dem Restaurant »Sa Domu'e s'Orku« mit der besten sardischen Küche oberhalb von *Urzulei*. Ein paar Kilometer weiter erreicht man *Codula Fuili*, die Schlucht, die einen direkt ans Meer, nach *Cala di Luna* führt, einen Strand, den man sonst nur mit dem Boot erreichen kann.

Aber was erzählte ich? Wie erreichte ich meinen zehnjährigen Sohn, der verträumt auf die Landschaft schaute, es genoss, im Sportwagen die Berge zu bezwingen? Was erzählte ich ihm von ausgestorbenen Hirschen? Was erzählte er mir für Geheimnisse? Wie ging es ihm in der Schule? Wir waren glücklich, fort zu sein aus Deutschland und frei, ohne den Ärger, ohne Intrigen, ohne die Mühen einer Stadt wie Kassel, die ihm immerhin gute Freunde eingebracht hatte. Wir sprachen über das Leben, darüber, wen wir lieben, wir sprachen über Skateboards und immer wieder über Theater, über Banditen und Seeräuber. Wir fanden das *Hotel Goloritzé*, waren die einzigen Gäste, tranken Limo und Bier. Am späten Nachmittag brachen wir auf zur Hochebene *Su Golgo*, auf der Suche nach dem tiefen Loch in die Mitte der Erde. Ob wir diesen Schlund zur Hölle finden würden? Noch einmal fuhren wir über die Insel, von *Santa Maria Navarrese* über *Lanusei*, die Serpentinen hoch nach *Gairo*, um später links abzubiegen nach *Isili*. Sardinien bringt so viel unterschiedliche Menschenlandschaften und Landschaftsinseln hervor, grün bewachsen und karg, Gebirge und Tiefebenen, weit ab von allem, immer noch Hirten und Bauern, zugleich eine so vielfältige Theaterlandschaft wie in *Sassari* oder *Alghero*.

Isili liegt direkt an einem Stausee, dem *Barrocus*, der in Kalkstein eingebettet ist. Mittendrin erhebt sich eine Insel, gemacht von Gottes Hand für die Kirche San Sebastiano. Ein Paradies für Freeclimber, Teppichweber und Kupfergeschirr. Die Region heißt *Sarcidano*. Auch hier sind zahlreiche archäologische Fundstellen und am bekanntesten das Brunnenrefugium *Santuario Nuragico di Santa Vittoria*. Natürlich gibt es in *Isili* eine *Piazza di Antonio Gramsci* und folgt man dem Autor Jean-Yves Frétigné, hatte Gramsci bis zu seinem Tode viele Anhänger in der kleinen Stadt. *Isili* ist jedoch tragisch verbunden mit der Verhaftung von Gramscis Vater im Jahre 1897. Damals gab es keine politischen Lager, die man philosophisch zuordnen konnte. Charakterisierungen wie konservativ oder sozialistisch waren den Konfliktlinien fremd. Es gab Familien und Cliquen, Interessengruppen, die um Ländereien, Macht und Einfluss stritten.

Wenn man das Pech hatte, zu den Verlierern zu gehören, drohte die ökonomische Vernichtung. Mit der Verhaftung von Gramscis Vater fiel die Familie in bittere Armut, von der sich keiner mehr erholen konnte.

> »Im Wahlkreis Isili, zu dem auch Sòrgono gehörte, standen sich bei den Wahlen von 1897 zwei solcher Anführer in einem harten Kampf gegenüber. Auf der einen Seite Cocco Ortu, ein angesehener Parlamentarier seit 21 Jahren, auf der anderen Seite Carboni Boy, ein junger Gegenspieler aus Nuragus, der eine große Anhängerschaft nicht nur in seinem Heimatort, sondern auch in den einflussreichen Gemeinden wie Tonara und Sòrgono hatte. Es stand ein Kampf mit ungewissem Ausgang bevor. Coccu Ortu wurde schließlich wiedergewählt und konnte seine Macht ausweiten, indem er im Kabinett Di Rudini Minister für Landwirtschaft, Industrie und Handel wurde. Nach einem solchen Wahlsieg war es nichts Besonderes, dass die Anhänger des Besiegten bevorzugt versorgt und die Gegner vernichtet wurden. Francesco Gramsci, Anhänger von Carboni Boy, gehörte zu den Verlierern, wurde Opfer einer ›manipulierten Justiz‹ und wurde zu 5 Jahren, 8 Monaten und 22 Tagen Haft verurteilt, die er zunächst in Oristano, später in Cagliari verbrachte. Er hatte kurz vorher eine traurige Reise nach Ozieri gemacht, da sein Bruder Nicolino mit 42 Jahren gestorben war. Bei Onkel Nicolino wohnte der älteste Sohn Gennaro und ging dort zur Schule. Sein Vater wollte sich außerdem nach einer weiteren Möglichkeit für einen Schulbesuch für Gennaro umsehen.«[63]

[63] Heike Frederking: Biografie Gramsci. Materialien der Fortbildung »Lernen mit und von A. Gramsci«. Hamburg 2005; www.spsh.de/texte/Gramscibiografie.pdf (31.7.2021); siehe auch Fiori, S. 18f.

Wir blieben eine Nacht im *Albergo Cardellino*, große alte Zimmer, freundliche Leute, sardische Pizza. Am nächsten Tag war es bewölkt und unser Verdeck blieb geschlossen. Ein stiller Tag, wir wollten noch einmal nach *Buggerru* und wählten den Weg über *Gergei*, *Barumini (Nuraghe Su Nuraxi)*, vorbei an *Sanluri*, unter der SN 131 hindurch und schnurstracks nach *Guspini* in die Berge. Ich war glücklich, mit meinem Sohn zusammen zu sein. Ich erzählte ihm von Gramsci und seiner Fröhlichkeit, wenn er als Kritiker im Theater saß.

> »Wegen meiner herrlichen Mähne haben mich alle für ein Mädchen gehalten und sich gewundert, dass eine Frau in einem Theater soviel Lärm macht – sie sahen ja nur meinen Kopf und die Hand, mit der ich eine unanständige Bewegung machte. Ich habe mich aber nicht geärgert, sondern mich für die Aufmerksamkeit bedankt. Neulich nachts wurde ich gerügt, weil ich mit lauter Stimme den herrlichen Schnurrbart eines Polizisten bewunderte. Ich habe ihm gesagt, er solle ihn sich abrasieren, wenn es ihn störe, dass man darüber spricht.«[64]

Viel später saß ich mit meinem Sohn in Zürich in der Oper. Ein Tenor hatte seine Partie »geschmissen«, wir hatten uns heimlich darüber amüsiert und ich hatte im Überschwang Johannes zärtlich ans Knie gefasst. Neben mir saß ein Herr, teurer Maßanzug, ein verklemmter Schweizer. Er schaute mich entrüstet an, als sei ich ein alter Lüstling, der seinen Gespielen ins Opernhaus mitgenommen hatte. »Mein Sohn«, sagte ich ihm ins Gesicht, »nicht das, was sie denken.« In der Pause sind wir gegangen und durch die Stadt gestreift. Uns stand die Welt offen. Von *Guspini* war es nicht mehr weit bis nach *Buggerru*. Wir kamen nach Hause, ohne dort ein Haus zu haben. Aber oben am Hang, oben am Berg wohnte unser Freund, der Fischer Gianni. Spontan fuhren wir bei ihm vorbei. Große Freude, sardische Herzensfreude, trinkende Männer. Die Nacht verbrachten wir in einem kleinen Hotel zwischen *Flumi* und *Buggerru*, versteckt hinter Schilf, geplagt von den Mücken.

Auf dem Rückweg nach Deutschland ließ ich mich provozieren. Ein Angeber mit Maserati überholte mich kurz vor *Basel*. Ich jagte hinter ihm her. Was ist ein Maserati gegen einen BMW Z 3? Wir lieferten uns ein Rennen. Als ich gewonnen hatte, bremste er scharf ab, ich fuhr ungebremst in eine Radarfalle. Der Zürcher Maseratifahrer lachte, fuhr an mir vorbei, um für immer zu verschwinden. Ich war versteinert. Meine Fantasie ging mit mir durch. Ich war mir sicher, sie würden mich an der Grenze anhalten, sogar verhaften. Wir würden den Wagen zurücklassen müssen. Der Führerschein wäre weg und mit dem Zug kämen wir geschlagen nach Hause. Ach, mein Sohn ging elegant mit Vaterängsten um. Er schwieg. Vorsichtig fuhr ich an die Grenzstation Basel-West.

---

[64] Zitiert nach Fiori, S. 68.

Jetzt würden sie mein Kennzeichnen scannen, die Köpfe schütteln und mich verhaften. Johannes sagte nur: »Das glaube ich nicht«. Im Geiste hatte ich schon unsere Koffer unter dem Arm. Wir rollten zum Schlagbaum. Der Polizist hob freundlich die Hand, grüßte und winkte uns durch. Schwein gehabt. Ich war gerettet und mein Sohn hatte recht. Sechs Monate später kam der Bußgeldbescheid. Ich zahlte und war dankbar.

10. Komm zu mir, Schwester Tod (2004)

Nach deiner Beerdigung laufe ich zum Flughafen. Ich erinnere mich nicht mehr an den Flug. Vielleicht bin ich geschwommen oder ich hatte Flügel. Ich nehme einen Leihwagen, Gott sei Dank bekomme ich einen blauen Fiat. Ich will raus aus der Stadt, ich will in die Berge, in die *Gallura*. Ich suche die Stadt aus Stein: *Tempio Pausania.*

Come Dio comanda.[65] Ich suche in der Stille nach Bildern, weil es nichts mehr zu sagen gibt. Ich lebe weiter.

Wir laufen über die Landstraße, da rollt ein Ball, ein Auto nähert sich, Bremsen quietschen, wir haben nichts gehört. Vater, wo bist du? Meine kleine Schwester ist verschwunden.

Wir liegen im Bett. Im Schlafzimmer der Eltern ist es dunkel. Da fällt ein Schuss. Vater, wo bist du? Im Wohnzimmer hat sich die Einsamkeit eingerichtet. Neben dem Klavier ist er zusammengebrochen. Vater stirbt.

Es ist gut, eine Schwester zu haben. Die Welt der Einzelkinder ist trostlos und einsam. Mit wem können sie streiten, mit wem ihre Gedanken teilen?

Meine Schwester ist sechs Jahre alt und trägt eine Schultüte. Oder hast du, Mutter, die Schultüte vergessen? Im Suff? Meine Schwester hat blaue Augen und dicke Bäckchen, blonde Haare und ein gutes Gesicht. Ihr ganzes Leben lang wird sie mit diesen blauen Augen freundlich in die Welt blicken, sehnsüchtig wird sie den Erwachsenen hinterher schauen, den Diakonissen, den Vätern und Müttern. Auch den Ehemännern und Kindesvätern, allen, die sie betrügen, die sie erbärmlich verraten, unentwegt auf ihrer Liebe herumtrampeln.

Ich sehe, wie sie anfängt zu laufen, wie ihr die Windeln aus der Hose hängen, wie ich vor ihr her stolpere über das Kopfsteinpflaster, dort, wo Kindern das Laufen so schwerfällt, wie meine Mutter sie nicht an die Hand nimmt. Es ist das Kopfsteinpflaster, das mich an sie erinnert, Köpfe aus Stein, in der Stadt in Hessen, in der wir aufgewachsen sind. Herzen aus Stein. Es ist der Lauf der kleinen Füße übers Kopfsteinpflaster, es ist das Geräusch des Laufens der kleinen Füße, es ist der Klang der Kinderstimme. Kopfsteinpflaster ist eine Falle für kurze Kinderbeine.

In *Tempio Pausania* werde ich meine Schwester treffen. Hier auf dem Kopfsteinpflaster höre ich ihre Schritte. Hier haben wir alle Zeit der Welt. Die Zeit, die immer gefehlt hat. Zeit, mich an ihr Bett zu setzen, zuzuhören, ihr übers Haar zu streicheln.

Ich höre zum ersten Mal den Schrei meiner Schwester. Komm, Schwester Tod. Der Wind weht über die Berge der *Gallura*, der Wind

[65] Niccolo Amanniti: Wie es Gott gefällt. Frankfurt a.M. 2010.

weht über den Westerwald. Schwester, hörst du mich? Ich singe: »Summ, summ, summ, Bienchen summ herum.« »Sei still«, sagt einer zu mir, aber ich singe weiter. Es ist dein Lied, ich habe es für dich gedacht. Mein Summen im Kopf und mein Wippen auf den Füssen, mein Warten hat eine Melodie gefunden. »Sei still«, wiederholt der Vater im Flur und eine Krankenschwester mit Haube auf dem Kopf schaut mich an: »Pssst, wir sind im Krankenhaus.«

Die Stadt *Tempio* hat ein Krankenhaus, hier werden auch Kinder geboren. Hier werde ich meine Schwester finden. Sie wird mir alle Geheimnisse verraten. Wer ist nachts in dein Bett gekrochen?

»Pssst!« Schon wieder zieht ein weißer Drache an mir vorüber. Mein Vater nickt. Ich wünsche mir noch einmal deinen ersten Schrei. Lieber Gott. Hast du gehört? Ich habe es ohne meine Schwester nicht mehr ausgehalten. Ich habe dich bei deinem Namen gerufen. Du bist mein. Als du neben ihr lagst, als du klein und verschleimt neben unserer Mutter lagst, da soll ich vom Tisch eine Apfelsine genommen und auf dein Gesicht geworfen haben. Das hat Mutter erzählt. Sie war eine Lügnerin. Ich war nicht eifersüchtig. Ich habe mir so sehr gewünscht, nicht allein zu sein. Ich wollte dich nie vertreiben. Ich hätte dir ein großes Auto kaufen sollen.

Schwester, hörst du mich? Die Hebamme hat dir auf den Po geschlagen. Dann der Blick auf das Geschlecht. Es ist ein Mädchen! Endlich ein Mädchen. »Gute Lebenserwartung«, sagt die Hebamme. Sie schaut auf die Lebenslinie in deiner Hand. Ich habe eine Schwester, die leben will, hungrig nach Leben ist.

Mutter, wo sind die Zwillinge? Wo sind ihre Betten? Sind sie auf dem Friedhof? Die Zwillingsschwestern sind gestorben. Tauft das Mädchen, holt den Pfarrer, um Gottes willen, holt den Pfarrer. Es muss getauft werden, es braucht einen Namen. Rasch, ein Name muss her, ein Name schützt uns vor dem Engel des Todes. Die Zwillinge Namenlos sind auf dem Friedhof gebettet. Wie zwei kleine Engel? Haben sie einen weißen Sarg? Wir haben sie besucht, meine Schwester und ich. Da standen wir Kinder neben der Mutter und verstanden die Welt nicht. Wir wussten, dass wir auch hier landen würden. In einem dunklen Grab.

Ich suche meine Schwester in der *Gallura*. Ich falle durch die nächtlichen Straßen. Ich trinke den roten Wein, er ist schwer wie der Tod. Nino und seine Schwestern, Nino und seine Brüder. Hängt ihn auf im Gebälk, zieht ihn lang, dass er kein Krüppel bleibt.

Ich sehe dich in weißen Kleidern, ein großes Tuch mit Rüschen besetzt, das Taufkleid. Du hast einen runden Wuschelkopf. Es sieht aus, als würdest du ertrinken in dem großen weißen Stoff.

Ich suche nach dir in *Tempio*, ich finde einen roten Backsteinbau. Die Klinik in *Haiger*. Ich laufe durch die kalten Flure. Ich höre deinen ersten Schrei. Ich bin froh, ich habe eine Schwester. Willkommen, meine kleine Schwester.

Gelobt seist du, mein Herr,
durch unsere Schwester, den leiblichen Tod;
ihm kann kein Mensch lebend entrinnen.
Selig jene, die er findet in deinem heiligsten Willen,
denn der zweite Tod wird ihnen kein Leid antun.

Franz von Assisi. In den Kirchen von Sardinien finden wir den Heiligen der Armen, den Rebellen. Gib Saures für Süßes, gib Steine für Brot. »Komm zu mir, Bruder Wolf!« ruft Franz und ich rufe: »Komm zu mir, Schwester Tod!«

Berlusconi hat das Gesundheitssystem zugrunde gerichtet. Die Ärzte wandern ab. Der letzte Anästhesist im Krankenhaus Paolo Dettori hat gekündigt. Niemand kann mehr operiert werden. Gut, dass du nicht hier auf der Intensivstation liegen musst. *Tempio* ist keine Stadt der Toten, sie ist die Stadt, in der ich meine Schwester wiederfinde. »Das Vergangene ist niemals tot, es ist nicht einmal vergangen«, sagt die Philosophin Hannah Arendt. Aus dem einfachen Grunde, weil die Welt, in der wir leben, in jedem Augenblick auch die Welt der Vergangenheit ist; sie besteht aus den Zeugnissen und Überresten dessen, was Menschen im Guten wie im Schlechten getan haben; ihre Fakten sind immer das, was geworden ist. Es ist wahrhaftig so, dass uns die Vergangenheit heimsucht; es ist die Funktion der Vergangenheit, uns Lebende nicht loszulassen, die wir in der Welt, so, wie sie wirklich ist, leben, das heißt in einer Welt, die zu dem, was sie jetzt ist, geworden ist.

Komm zu mir, Schwester Tod,
weit ab von den tödlichen Straßen
In Deutschland, den erkalteten Herzen, finde ich
Trost in der Stadt der Steine aus weichem Granit.

Du fährst mit einem Fiat die Landstraße entlang, singst vor dich hin, hörst Lucio Dalla. Die Ampel ist grün, du setzt den Blinker und biegst ab, nach links, wohin auch sonst, auf die Seite der Armen, der Beleidigten und Gedemütigten. Dann kommt er, der große Knall, der 17-jährige Mörder im fetten 7er-BMW fetzt dich weg und du fliegst durch die Luft, gegen eine Mauer aus Stein.

Ich suche dich, in einer Stadt aus Stein, ich laufe durch die Straßen von *Tempio*. Die Pflastersteine, deine ersten Schritte. Auf dem Kopfsteinpflaster vor dem Haus unseres Vaters machten wir unsere ersten Schritte. Unter dem Pflaster liegt der Strand. Steine liegen überall in der *Gallura*, auf den Feldern, sehen aus wie Elefanten, wie Drachen, wie Gespenster. Komm zu mir, Schwester Tod.

11. Le Dune Piscinas – Über den Missmut (2016)

Das Hotel *Le Dune Piscinas* lag am anderen Ende der Welt. Man fuhr die Landstraße 166 entlang in Richtung Süden. Nach *Arbus* links ab, das Schild weist zur *Minera di Ingurtosu.* Die größte Mine Sardiniens, der Sitz der Direktion ein Prachtbau. Ein Museum, eine verlassene Siedlung, eine Geisterstadt. Wer keine Furcht hat und gute Achsen, fährt weiter in Richtung Meer, durch Wälder und Wiesen, Schluchten, dann öffnet s ich das Tal vor einem weißen Strand. Hohe Wellen, ein verrotteter Parkplatz. Dahinter eine Festung? Ein Lagerhaus? Ein Magazin? Drei oder vier Gebäude aus dem vorletzten Jahrhundert verstecken sich hinter einer Mauer, verbunden mit einem Tunnelsystem. Freie Flächen mit Sonnenschirmen. Das Gebäude liegt einsam, weg von allem, aber drum herum Springbrunnen, Holzveranden, kleine Boote im Sand. Schon immer war es hier brennend heiß, es ist eine Oase in der Wüste.

Im Süden sind kilometerlange Dünen, sie gehen bis zum *Capo Pecora,* vorbei am *Spiaggia Scivu.* Kein Schatten, erbärmliche Hitze und wenige Kilometer vom Strand entfernt ein kleiner Campingplatz mit Restaurant und Zimmern.

Als ich vor Jahren zum ersten Mal hier war, machte mir der Ort Angst. Ich bin damals um das Hotel geschlichen, irgendetwas stimmte hier nicht. Ich trank einen Espresso: unbezahlbare, horrende Preise. Distanziert das Personal, kalt, unwirklich. Unmöglich, etwas über die Hotelpreise zu erfahren, man wusste nicht, was dieses Hotel eigentlich will. Aber der Strand, die Dünen, die Industriebauten, die Steine und das Salz hatten eine große Anziehungskraft.

Ich schreibe über ein Hotel, das es nicht mehr gibt. Es hat sich in Luft aufgelöst. 2018 heißt es in der sardischen Tageszeitung »L'Unione Sarda«:

»Die Gier des Geschäfts [hat] die Identität und Landschaft, Geschichte und Kultur vernichtet, hat dieses Bergwerksgut dem Erdboden gleichgemacht, das nur in den Papieren und in dem Schild, das immer noch am Eingang steht, monumental geblieben ist. In Piscinas anzukommen, nachdem man den Bogen der Burg von Ingurtosu überquert hat, ist, als würde man auf Zehenspitzen in eine Welt eintreten, die nicht mehr existiert, deren Symbole Tag für Tag auseinanderfallen, ohne dass jemand das Wetter aufhält. [Erreicht man die] Berge aus goldenem Sand, die in dieser Größe einzigartig im Mittelmeerraum sind und wie Diamanten in die Eingeweide der Erde eingelassen sind, [hat man das Gefühl,] als würde man das Endziel einer Geschichte berühren, die von Natur und Minen, Umwelt und geheimem Charme durchdrungen ist. Was das Hotel Le Dune war, das 30 Jahre lang Schriftsteller und Dichter, Künstler, Frauen und Männer der Kultur angezogen und den Höhepunkt der Umwandlung [dieser Bauten] in historisches und touristisches Erbe markiert hat, ist jetzt ungeschickt verpackt in unheimlichen Netzen und zerrissenen Laken, durchbohrt von Windböen und Sand, die hier die Landschaft wie eine ständig bewegte Skulptur meißeln.«

Zwei Jahre vor diesem Zeitungsbericht kam ich noch einmal hierher. Hans hatte mich eingeladen. Ich hätte glücklich sein können und dankbar, endlich würde ich in diesem Hotel übernachten können. Hans hatte Geld, mehr noch, Geld spielte keine Rolle. Von Anbeginn hatte ich ein ungutes Gefühl. Was verachten die Sarden mehr als Abhängigkeit? Ins Meer mit denen vom Festland.

Hans war Verleger, sein Verlag war 1971 als linker Verlag gegründet worden. Von Krisen gebeutelt, gelang es ihm, von Mäzenen größere Geldsummen aufzutreiben, Eigentumswohnungen von Mitarbeitern zu verscherbeln und große Summen aus dem Erbe eines linken Soziologen als Geschenk zu bekommen. An diesem Erbe partizipierte der Verleger nahezu 50 Jahre, dann kam der Lottogewinn. Hans war ein linker Millionär.

In der Hitze der Nacht bekam ich Zahnweh, das Zimmer war eine Gruft. Hans war fürsorglich. Ich nahm Tabletten, sprang am Morgen ins Meer. Wo war ich hier? Am Ende der Welt erkannte ich, dass der Verleger und ich nichts mehr gemeinsam hatten. Er lebte ein anderes Leben und ich wollte nicht alimentiert werden. Geld macht nicht glücklich. Dennoch wünschte ich mir, er würde sich auf Sardinien ein Haus kaufen. Beim Abendessen saßen wir zusammen, ich bedankte mich für seine Großzügigkeit, den teuren Wein. Nach drei Tagen verließen wir die Dünenlandschaft und zogen weiter.

Wir blieben einsam. Er hatte Schmerzen, seine Venen waren verstopft. Das machte mir Angst. Ich wollte nicht missmutig werden im

Alter. An einer Tankstelle hinter *Bosa* hielten wir an. Ich plauderte mit dem Tankwart. Hans schnauzte mich an. Mein ewiges Gequatsche war für ihn unaushaltbar. Ich war an der Tanke zum Knecht Matti geworden und er war Herr Puntila. Die Veränderung menschlicher Beziehungen in hierarchischen Verhältnissen wird zuerst über die materielle Ungleichheit hergestellt. Das ist eine Binsenweisheit, die auf dieser Sardinienreise eine existentielle Bedeutung bekam.

Gramsci machte sich früh Gedanken darüber, wie der Missmut in die Herzen der Menschen kommt, denn eines wollte er nicht werden, ein Misanthrop. Sein kleiner schmerzender Körper hätte ihm dazu einige Vorwände liefern können. Aber er hielt stand, er behielt Humor, selbst im nassen Kerker bei Neapel.

In seiner Freizeit las er seit geraumer Zeit alles, was er bekommen konnte (vor allem Zeitungen und Geschichtsbücher) und er beschäftigte sich mit Marx. Einen wichtigen Anstoß gab ihm auch sein Italienischlehrer, Raffa Garzia, der als jähzorniger und unnachsichtiger Lehrer besonders im Umgang mit den aus seiner Sicht »Dummen und den Angebern« unter den Schülern sehr gefürchtet war. Dieser hatte sich literarisch verdient gemacht und leitete eine der meistgelesensten Tageszeitungen Sardiniens, »L'Unione Sarda«. Er galt als radikaler Antiklerikaler, grenzte sich zwar von den Sozialisten ab, brachte aber immer wieder unterstützende Berichte über ihre Initiativen. Politisch standen ihm zwei weitere Lehrer nahe, Costante Oddone und der Physiker Francesco Maccarone, der Freund von Gennaro Gramsci und militanter Sozialist war. Garzia erkor Antonio Gramsci sofort zum Lieblingsschüler.[66]

Nun war Gramsci kein Mensch, der sich so leicht arrangierte mit den Verhältnissen oder den Doppelgesichtern der Menschen. Sein Verhältnis zu Garzia blieb distanziert.

Mein Verhältnis zum Verleger entwickelte sich in Minusgraden, unsere Zuneigung war auf dem Nullpunkt. Wer Geld hat, vergisst die Zeiten, in denen er keines hatte. Damals hatte ich seinem Verlag Bücher und Dissertationen zum Druck vermittelt. Ich besuchte ihn am Rande der Stadt, wo der Verlag dahindümpelte, bis das Lottoglück zuschlug. Er lieh mir Geld für den Kauf einer Wohnung auf Sardinien. Ich war abhängig geworden. Nach kurzer Zeit wollte er das Geld zurück. Er bekam die Kohle, wir sind quitt. Ich versuche immer noch, den sardischen Tankwart für die Linke zu gewinnen.

In den Gefängnisheften notierte Gramsci:

»Man muss nüchterne und geduldige Menschen schaffen, die nicht verzweifeln angesichts der schlimmsten Schrecken und sich nicht an

[66] Siehe hierzu Fiori, S. 47 und 59.

> jeder Dummheit begeistern. Pessimismus des Verstandes. Optimismus des Willens.«[67]

Es hat nichts mit Sardinien zu tun, aber auf dieser sardischen Reise hat sich gezeigt, dass man das Gespräch mit einem Tankwart sehr unterschiedlich bewerten kann.

Der Verleger und ich verkürzten unsere Sardinienreise. Eine Runde über die *Isola di Maddal*ena, einmal ins Haus von Garibaldi und zurück auf der kleinen Fähre nach *Palau*. Unser Schiff fuhr am nächsten Abend von *Golfo Aranci* nach *Livorno*. Wir aßen und tranken im Schiffsrestaurant. Er bezahlte. Wir schliefen in getrennten Kabinen. Unsere Rückfahrt verlief schweigsam.

---

[67] Antonio Gramsci, Gefängnishefte. Band 9, Heft 28, §11, Hamburg 1999, S. 2232.

12. Zum Glück geht's dem Sommer entgegen (2018)

> Giulia erwartete ein Kind und Gramsci war außer sich vor Freude. 1925 kam er nach Moskau und konnte einen Monat mit Giulia und seinem Sohn Delio verbringen, bevor er nach Rom zurückkehrte. Im Herbst desselben Jahres folgten Giulia und Delio nach Rom. Sie wohnten in Anbetracht der zugespitzten politischen Situation in getrennten Wohnungen. Bereits im August 1926, kurz vor Julias zweiten Niederkunft, veranlasste Gramsci deshalb die Rückkehr Julias in die Sowjetunion, wo sie den Sohn Giuliano gebar, den Gramsci – der kurze Zeit später verhaftet wurde – niemals zu Gesicht bekam.[68]

Wir sind noch einmal über Land gefahren. Ich hatte *Cagliari* nach dem versuchten Überfall auf meiner ersten Reise aus dem Gedächtnis gestrichen. 40 Jahre waren vergangen, der Bahnhof am Hafen hatte an Bedeutung verloren, der Autoverkehr hatte zugenommen. Die kleinen Verbrecher waren tot oder Ehrenmänner geworden. Wir gingen von der Oberstadt, von den *Giardini Pubblici*, der *Citadella dei Musei*, entlang der großen dunklen Straße mit Prachtbauten. Wir fanden zufällig Gramscis Gymnasium und das Haus, in dem er ein schäbiges Zimmer bewohnt hatte. Touristen eilten daran vorbei, dumpf, dumm, auf der Suche nach der Sonne und billigem Essen.

Wir fanden eine Trattoria, aßen Lamm und Pasta, tranken roten Wein. Ich suchte und fand die Piazza, auf der ich damals bedroht worden war. Ich wollte meinem Sohn den Ort meiner Ängste zeigen. Manchmal hat man das Glück, Kinder zu haben und mit ihnen Erlebnisse teilen zu können, ohne sich ihrer zu bemächtigen. Ich war nicht mehr allein, aber ich war alt geworden. Alter macht einsam.

Die *Piazza del Carmine* war immer noch ein trauriger Ort, keine Streetworker, keine Luftballons, sondern Dealer und andere dunkle Gestalten.

Dreck bleibt Dreck, aber nicht für Gramsci. Zu nahe hatte er am Dreck gelebt, um den Dreck, die Deklassierten, vollends aufzugeben, wie Marx es getan hatte (ob Lumpenproletariat oder Lumpenbourgeoisie, Lumpen sind sie in jedem Fall). Gramsci schrieb die am unteren Ende der gesellschaftlichen Pyramide Lebenden nicht ab,[69] auch wenn sie versucht hatten, mich zu überfallen.

Die Stadt war hell und klar, es war gut, den Geldbeutel vorne in der Hose zu tragen. Die politischen Plakate fehlten, die jungen Leute im

---

[68] Siehe Fiori, S. 189f., 201f.

[69] Christoph Wimmer: Lumpenproletariat. Die Unterklassen zwischen Diffamierung und revolutionärer Handlungsmacht. Stuttgart 2021.

Rasta-Look waren verschwunden, die Linke Italiens war nicht mehr sichtbar. Johannes begleitete mich mit viel Geduld, einmal knickte ich um auf dem Kopfsteinpflaster und dachte, mein Sprunggelenk sei entzwei. Ich saß auf einer Bank und weinte über all das Verflossene, all die unerfüllten Fantasien.

Wir fuhren weiter in den Süden, nach *Pula*, einer Stadt mit einer riesigen *Piazza del Popolo,* und schon ist man in *Nora*, der ältesten phönizischen Gründung auf Sardinien. Die Halbinsel, auf der seit 1983 regelmäßig »La Notte dei Poeti« stattfindet, eine Nacht der Dichter, der Theater, der Filmemacher, der Musik. Sie spielen in den alten Ruinen. Wir eilten vorbei, wir hatten keine Zeit, wir waren getrieben. Bevor die Sonne unterging, wollten wir die Südspitze der Insel, das *Capo Spartivento,* die *Costa del Sud* erreicht haben. Rechts und links Lagunen, Strandbäder, die uns den Blick zum Meer versperrten, rote und weiße Flamingos, eine prickelnde Luft. Es roch alles nach Aufbruch, nach Sand, nach Weihrauch und Myrrhe, Kräutern aus Afrika. Nichts ist mehr, wie es war, das Meer hat seine Unschuld verloren, die Menschen des märchenhaften Kontinents fliehen und sterben auf dem Meer. Dunkel unsere Gedanken, das Meer voller Blut und Knochen. Und trotzdem fühlten wir uns frei, der Himmel war klar.

Johannes fuhr wie ein junger Gott, ich übte mich im Loslassen. Wir hielten an, sprangen aus dem Panda, fanden immer einen Weg zum Meer und weiter ging es, im Schnellgang. Flüchten oder standhalten. Vor wem, vor was?

Faro Capo Spartivento ist ein 5-Sterne-Refugium. Der alte Leuchtturm und die Nebengebäude wurden 1854 für die Marine errichtet, lange diente der Turm noch der Familie des Leuchtturmwärters, bis im Jahre 2006 der gesamte Gebäudekomplex zu einem Luxushotel umgebaut wurde. Die Übernachtungspreise liegen bei 700 Euro die Nacht, dieses »Refugium der Ruhe« kann auch in Gänze gemietet werden. Zur Fama gehört, es sei ein Ausflugsziel der 'Ndrangheta, der kalabresischen Mafia. Haben die nicht genügend Villen am gesamten Mittelmeer? Müssen wir anfangen, Sardinien anders zu sehen?

Der südlichste zivil genutzte Punkt Sardiniens wird geographisch überholt vom *Capo Teulada*. Hier herrscht Krieg. Hier ist Schluss mit lustig. Hier konterkariert sich das Urlaubsland Sardinien. Hier herrscht die NATO. Hier bomben Türken, Ungarn, wildgewordene Amerikaner. Das militärische Sperrgebiet ist riesengroß, von Zäunen gesichert, von Flutlichtern taghell erleuchtet. Wir waren im Niemandsland, an Orten der organisierten Kriminalität, des militärisch-industriellen Komplexes der Reichen und der neapolitanischen Mafia. Der Flugplatz *Decimomannu* liegt um die Ecke, wie auch alle militärisch genutzten Sperrgebiete. *Decimomannu* war während des Kalten Krieges mit rund 60.000 Flugbewegungen jährlich einer der aktivsten Militärflugplätze der NATO. Zur Vereinfachung und Beschleunigung der Flugzeugbetankung wurde 1986 ein Hydrant Refuelling System mit Anschlüssen an 51 Flugzeugstellplätzen in Betrieb genommen. Auch Erweiterungen des Vorfelds und eine Sanierung der Start- und Landebahn erfolgten zu dieser Zeit. Zwischen 1985 und 1986 übernahm *Decimomannu* für einige Monate den Zivilverkehr des Flughafens *Cagliari*, dessen Piste überholt werden musste. *Decimomannu* ist nicht der einzige Ort im Süden, um den es Geheimnisse gibt. Sardinien ist nicht nur die schöne Insel, es ist ein strategisch wichtiger Ort für die Luftwaffe im Falle eines weiteren Krieges in Europa und im Nahen Osten. Sardinien ist kein Fluchtpunkt.

Johannes und ich entschieden, zurückzufahren, wir wollten die Nacht nicht an der Südspitze verbringen. Es war menschenleer und wir fuhren über *Sa Portedda* und *Is Domus*, *Giba* und *Siliqua*. Winzige Orte auf der Landkarte, Dörfer mit Kirchen, Rathaus und Bars, mit Träumen und mit pubertierenden Jugendlichen, mit alten Menschen, die manchmal noch die Faust zum Himmel strecken, damit Sardinien frei werde, frei von denen, die vom Festland kommen.

Über 20 Kilometer fuhren wir entlang der Mauer mit Stacheldraht, wir erkannten dahinter Ruinen, entleerte Dörfer, Flugpisten und Panzer, es war gespenstisch. Wir waren froh, von hier wegzukommen. Der Dieselmotor des Pandas tuckerte und wollte uns beruhigen und zurück auf die *Strada Carlo Felice* und bis *Oristano* bringen, dorthin, wo die Welt normal zu sein schien, wo wir ein Nachtessen in einem Restaurant zu uns nahmen: Risotto di Sardegna e Zabaglione.

> Antonio Gramsci und Giulia Schucht sahen sich nie mehr. Sie blieben in Briefkontakt, der aber unregelmäßig, immer wieder von längeren Briefpausen und Zensuren im Gefängnis durchzogen war. Gramsci litt sehr darunter, dass der Briefkontakt seitens Julias aus seiner Sicht immer oberflächlicher und nichtssagender gehalten wurde. Gramsci war einsam. Wir können ihn nicht trösten. Er ist weit weg, in der Geschichte untergetaucht. Wie viel Empathie können wir Nachgeborene für das Elend unserer Vorgeborenen aufbringen?

Oristano: Die Lagunen und Salzseen, die die Stadt umschließen, machen sie uneinnehmbar für Gefühle. Ihr gegenüber liegt *Tharros*, die Stadt der Phönizier. In den 1980er-Jahren war da nicht viel los. Bevor man sie erreichte, konnte man eine kleine Kirche besuchen, *San Giovanni di Sinis*, eine der ältesten romanischen Kirchen dieser Welt. Sie soll im 3. Jahrhundert gebaut worden sein, sie liegt verloren gegenüber einem Besucherzentrum, daneben ein kostenpflichtiger Parkplatz. Planerisch ist das alles von Ignoranten gemacht. Aber die Kirche? Sie ist leer, da ist nichts. Sie ist still und dunkel, manchmal fällt ein kleines Licht durch eines der Fenster. Wenn es Gott gibt, ist er hier.

Tharros ist ein zerzauster Brückenkopf, ein Naturhafen. Die Phönizier kamen im 8. Jahrhundert vor Christus. Schon in der Steinzeit müssen Menschen hier gelebt haben. Nachweisbar sind ihre Siedlungen, auch die der Nuragher gegenüber auf der heutigen Landzunge *San Marco. Tharros* exportierte silberhaltiges Blei im Tausch gegen Metalle aus Südfrankreich und Spanien. Ein Ort aus Blei und aus Tod. Im 3. Jahrhundert nach Christus wurde *Tharros* römisch, was für den Bau der kleinen Kirche in demselben Jahrhundert spricht. Die Sarazenen zwangen die Bewohner, ins Innere des Landes zu fliehen, nach *Oristano.* Das ist die Wurzel der Stadtgründung.

Um die Halbinsel gibt es viele Geschichten und Geheimnisse. War *»Collina su murru mannu«* ein Brandopferaltar der Phönizier? War er eine Opferstätte für den Gott Baal? War dieser Gott ein kinderfressender Tyrann, war er ein die Jungfrauen deflorierender Geist? Wurden hier tatsächlich neugeborene Kinder geopfert? Ist es Legende oder belegte historische Wahrheit?

Als im weißen Mutterschoße aufwuchs Baal
War der Himmel schon so groß und still und fahl
Jung und nackt und ungeheuer wundersam
Wie ihn Baal dann liebte, als Baal kam.[70]

Als die weißen Dünen ihre Drachen stillten
Als der Himmel Träume zu den Akten nahm
Als die Alten ihre Kinder killten
Warf sich Baal in ihren blutgen Arm.

Aufzuhören mit dem Morden
All die Rache zu vergessen
Alle Schulden auszulöschen
Wie es Baal sich wünschte, als Baal kam.

Claudio hat in dem kleinen verlassenen Dorf *Zerfaliu* bei *Oristano* ein Haus gekauft. Hier wird ein Ort entstehen, an dem Künstler zeitweilig leben. Direkt davor gibt es einen Marktplatz und eine steinerne Bühne, man muss nur das Stromkabel verlegen. Mit den Handwerkern fuhren wir nach *Santa Giusta.* Der Bauherr lud uns zum Essen ein, wir saßen direkt an der Lagune, am *Stagno di Santa Giusta.* In *Santa Giusta* gibt es eine schlichte romanische Kirche mit einem hohen, hellen Mittelschiff, schlanken Marmor- und Granitsäulen. Die Kirche ist drei heiligen Frauen geweiht: Giusta, Giustina und Enedina. In der Krypta unter dem erhöhten Chor liegen ihre Reliquien in einem Schrein. Die Kryp-

[70] Bertolt Brecht: Der Choral vom großen Baal. Uraufführung 1923.

Karneval in Aidomaggiore (in der Nähe von Ghilarza)

ta muss älter sein, von einer Säule herab blickt ein wildes Wesen. Claudio lachte: »Es ist Baal, er ist für das Wetter zuständig und zeigt uns, es geht nicht ohne ihn.«

Es begann zu regnen.

13. Beckett in Alghero (2018)

Estragon, Wladimir, Pozzo und ein junger Assistent saßen mit mir auf der Piazza vor dem Theater von *Alghero*. Wir hatten im Dormitorium des Franziskanerklosters in der Altstadt geprobt. Leseproben – das war ungewöhnlich für meine Arbeitsweise, denn ich konnte nie lange stillsitzen. Proben hieß für mich, immer in Bewegung sein, die Spieler auf der Szene, in der Szene.

Beckett aber muss man sprechen und immer wieder hören, seine Pausen, seine Stillen. »Warten auf Godot« ist eine Komposition und die Spieler müssen mit dem Spielleiter ihren eigenen Rhythmus finden. Es gibt bei Beckett einen Unterschied zwischen Pause und Stille. In der Pause geschieht nichts, in der Stille viel oder besser, es kann viel passieren. Das meiste passiert, wenn man wartet, auf einen Menschen, auf eine Geliebte, auf ein Zeichen, auf Gott oder auf Godot. Beckett hat sich selten als einen politischen Menschen begriffen, aber ich denke, sein Politikbegriff war zu eng. Der spielende, sich selbst in Frage stellende Mensch ist der politische Mensch, das Spiel kann trösten oder einem die Angst nehmen.

Im Sommer 1924 war Antonio Gramsci noch einmal auf Sardinien. Er besuchte seine Mutter, wirkte ruhig und gelöst, wenn er mit seiner Nichte spielte. An Giulia Schucht schrieb er Mitte Oktober 1924:

> »Ich habe viel mit meiner vierjährigen Nichte gespielt. Sie hat gekochte Krebse gesehen und Angst davor gehabt. Deshalb spielte ich mit ihr einen ganzen Roman, in dem 530 böse Krebse vorkamen, deren Anführer Suppenfresser war, mit seinem brillanten Generalstab [...] und eine kleine Schar guter Krebse: Huflattich, Schwuppdiwupp, Weißbart, Schwarzbart usw. Die Bösen zwickten sie mit meinen Händen in die Beine, und die Guten kamen ihr mit Spießen und Besen bewaffnet auf Dreirädern zur Hilfe. Das ganze Haus war erfüllt von dem Geklapper der Dreiräder, den Besenhieben und den Rufen der Krebse [...]. Die Kleine kam aus dem Staunen nicht heraus [...]. Sie

begeisterte sich so für die Geschichte, dass sie selbst neue Geschichten und Szenen erfand [...]. Ich fühlte mich fast in meine Kindheit zurückversetzt und fand dieses Spiel viel lustiger als die Besuche der Dorfhonoratioren.«[71]

Wir wohnten im *Complesso Monumentale San Francesco*, gelegen an der *Via Alberto*. Der Komplex wurde im 14. Jahrhundert erbaut, damals noch gotisch-katalanisch, später erweitert, vor allem im 16. Jahrhundert. Das Kloster mit fünf Brüdern ist auch ein Hotel, es gibt einen wunderbaren Kreuzgang, wo jeden Sommer Konzerte stattfinden, alte und neue Klassik. Das Hotel ist schlicht, mitten in der Stadt, die Räume sind im Sommer kühl. Der Abt hatte uns erlaubt, im Hause zu proben, unser Respekt ließ es aber nicht zu, auch szenisch zu arbeiten, sodass ich so viele Leseproben hatte wie noch nie. Es tat der Inszenierung gut, aber wir standen noch am Anfang.

Ich freute mich, am Ende meiner Intendanz den Schauspielern ein Stück Sardinien zeigen zu können. An den Nachmittagen fuhren wir ans Meer oder gingen in die Berge, wir diskutierten und tranken viel. Wir, das war eine bunte Mischung. Wladimir kannte ich seit über 20 Jahren, ein großer Spieler aus der alten DDR, Pozzo kam aus Kärnten, der junge Assistent aus dem Badischen. Estragon war Pole, mir nur gewogen, wenn er etwas wollte. Die Abende in *Alghero* waren vom Schein der Straßenlampen in ein warmes Licht getaucht, selbst wenn die Stadt voll war mit Touristen, fühlte man sich nie bedrängt.

Wir hatten gut gegessen und es fehlten ein Grappa und ein Kaffee. Ein Katzensprung von *San Francesco* zur *Piazza del Teatro*. Ein Theater, nach dem man sich die Finger leckt, errichtet von Bürgern gegenüber dem Palast des Erzbischofs: hier die Welt und dort der verlorene Himmel. Hier Pirandello und dort die Geschichten aus dem Alten Testament. Das Haus hat 280 Plätze, verteilt auf Parkett und fünf Ränge, ein kleines Foyer, rote Vorhänge überall, ein neo-klassizistischer Bau, ein Kleinod, aber viel zu wenig genutzt. Das Haus steht meist leer. Es fehlt wie überall in der kommunalen Politik an Fantasie, an Geld, das der Post-Berlusconi-Staat nicht ausgeben will für die Kunst. Die meisten Touristen gehen nicht ins Theater, wissen nicht, was ihnen entgeht, wenn sie nicht wenigstens einmal einen Goldoni in italienischer Sprache gesehen haben. Sie vermissen auch nicht das Geschenk von Lyrik und Oper! Eine Sommertragödie. *Alghero* ist reich an Künsten und Künstlern, an Spielern und Musikern, nur der Fremde sieht es nicht.

»Cinque grappe e cinque caffè.« Die junge Frau, die an unseren Tisch kam, schaute uns freundlich an, nein, sie war keine Kellnerin, sie war eine Prinzessin. Sie war eine, die Fragen stellte: »Wer seid ihr?« Und ohne,

[71] Zitiert nach Fiori, S. 184.

dass sie uns wirklich fragte, antworteten wir, stellten uns vor, machten den Pfau, machten den Dicken: »Wir sind Schauspieler aus Deutschland und spielen, proben, üben, nein wollen proben, spielen, üben, na was denn: Samuel Beckett.«

Sie lachte. Sie hatte braune, lange Haare, eine wohlgeformte Nase, feine Augenbrauen, braune Augen, die nichts verrieten, vor allem sich selbst nicht, und auch nicht die anderen. Sie war eine Sardin, die alles sieht, die man nicht übersieht. Sie schaute uns der Reihe nach an: »Cinque caffè e cinque grappe … Übrigens, Samuel Beckett war oft in *Alghero*. In den Jahren 1968 bis 1972 lebte er im Hotel ›Las Tronas‹.«

Dann ging sie. Sie ließ uns zurück, als wäre nichts geschehen, als hätte es uns nie gegeben. Estragon pfiff leise durch die Finger. Wladimir sperrte seinen Mund auf, Pozzo betrachtete den Bau des Theaters und den Hintern der schönen Frau. Der Assistent und ich wollten wissen, wie das war mit Beckett, mit dieser Frau, wir wollten alles wissen. Aber sie ließ uns warten, in der Bar kassierte sie noch die Gäste ab, sprach mit der Chefin hinter der Theke, putzte die Tische. Wir waren die Buben vom Schulhof, die sich draußen rumtrieben, die nicht wegkonnten, die auf sie warteten und nur auf sie.

Der Blick von außen durch die offene Tür der Bar in das Innere, gerahmt durch die Außentür, ihre Bühne: Zwei Frauen machen ihre Arbeit, sprechen über fremde Männer, die behaupten, Schauspieler zu sein. Alle warten auf Godot.

Als sie fertig war, nahm sie eine Flasche Wein von der Theke, kam zu uns, stellte die Flasche auf den Tisch, verteilte Gläser, goss ein. Sie war die Gastgeberin und wir hatten das Glück, ihre Gäste zu sein. »Ich bin Chiara. Jetzt habe ich Zeit.«

So erfuhren wir, dass es in *Alghero* mehrere Theatergruppen gab, dass sie Regie führte, spielte, im Sommer das Festival »Mamatita« kuratierte und die Geschichte mit Beckett keineswegs erfunden war. Wir hörten, wie hart das Leben einer Schauspielerin in Italien war, wenn sie nicht das Glück hatte, an einer der wenigen Bühnen, die es gab, für eine »stagione« fest engagiert zu sein. Über Chiara lernten wir Ignazio kennen und das war eine Entdeckung, die mich an meine Wurzeln zurückbrachte: Mein sardischer Bruder. Mein verträumter Sozialist, mein philosophischer Clown, mein grenzenloser Spieler und Draufgänger.

An der Ecke *Via Manzoni/Via Fondazione Rockefeller* ist das schönste und kleinste Theater der Welt: »Lo Teatrì« ist das Werk von Ignazio, sieht mal aus wie eine Garage, mal wie ein Konzerthaus, wie eine Trinkhalle oder das Märchenschloss von Cenerentola. Im Innern ist es ein kleiner Palast. Ein Theater mit 32 Plätzen, eine Bühne mit samtenem Vorhang, dahinter die Maskenabteilung, ein Requisitenlager, sogar eine kleine Toilette mit Waschbecken, an allen Wänden Bücher und Porträts von Samuel Beckett, Charles Chaplin, Bertolt Brecht oder Totò. Und das tollste Theater spielt immer Konzerte, Stücke von Ignazio, Pirandello für Kinder und wahre Geschichten über die Mafia. Ignazio ist ein Charakterspieler, ein Verzweifelter, ein Impresario. Sein Weißclown heißt Claudio, ein Komponist und virtuoser Gitarrist, ein nachdenklicher Intellektueller und ein begnadeter Lehrer. Treffe ich meine sardischen Freunde und Künstler, erkenne ich den Gegensatz zur dumpfen Sattheit deutscher Stadttheater. Lähmende »Konzeptionalisten« einer kommenden Theatergeneration versus Spielerinnen und Spieler: Der Tod des Theaters kommt von innen gekrochen.

Beckett hatte das gespürt, schon sehr früh. Wenn er in der besten Eisdiele *Algheros*, »La Golositas« in der Via XX Settembre, sein Eis schleckte, schüttelte er genussvoll den Kopf und sprach vor sich hin: »Spielen wir weiter – aber nicht auf der Bühne, auf den Straßen dieser Welt.«

Alghero, die schönste Stadt Sardiniens, mit ihren Armenvierteln, ihrem historischen Kern, ihrem winzigen, alten jüdischen Viertel, der Galerie von Valentina und Thibault an der *Bastione*, der Musik von Claudio, mit der kleinen Sprachschule Pintadera von Nicola und Angela im *Vicolo Adami*. All das lebt, wächst und verändert sich. Der Bocciaspielplatz wird vom Gras überwuchert und die alten Männer bleiben lieber am Lido sitzen. Valentina ist Professorin für moderne Kunst, sie holt Ausstellungen, Übersetzer und Schriftsteller in die kleine Stadt. Die Gemälde von Thibault, insbesondere seine Aktmalereien verschlagen einem die Sprache, erinnern an Courbets »Ursprung der Welt«.

Alghero ist katalanisch-sardisch, noch ein knappes Drittel seiner Bewohner spricht sardisches Catalunya, pflegt es, tanzt es, singt es. Die Stadt hat eine prachtvolle Hafenpromenade, mit Restaurants überfüllt. Grüne Parks und eine marode Kommunalverwaltung runden die Stadt ab, wo man abends allenfalls noch am Gefängnis kostenlose Parkplätze findet. Das »Teatro Comunale« ist, wie schon erwähnt, ein Schmuckstück, das Kino am Meer ist ein *Cinema Paradiso* und beim Theaterfestival im Sommer versucht Chiara, ihren Traum zu verwirklichen, mit wenigen Mitteln viel von der Theaterwelt zu zeigen.

In der *Via Sant' Erasmo* versiegt der Touristenstrom. Nachts laufen die jugendlichen Kiffer mit großer Klappe am Haus vorbei, gelegentlich verirren sich Kreuzfahrttouristen in unser Viertel, respektlos quaken die Lautsprecher ihrer Reiseführer. Ich hörte Bernd und Katrin auf der Treppe und war froh, nicht allein zu sein. Katrin hat *Alghero* gemalt in Skizzen, Aquarellen und Strichzeichnungen, am liebsten hätte ich alle ihre Bilder in meiner kleinen Wohnung. Auf einem Regal stehen die Gefängnishefte von Antonio Gramsci, seine Schriften mahnen mich, uns nicht verloren zu geben. Am 27. Februar 2024 hat die Mitte-Links-Koalition Sardinien zurückerobert: ein Hoffnungsschimmer bis zur nächsten Niederlage.

Möwen füttern auf den Stadtmauern von Alghero

Wer *Alghero* entfliehen will, läuft am Meer entlang in Richtung Norden. Nach dem Lido geht man über die Dünen und ist am Stadtstrand. Hier kann man sieben Kilometer laufen, bis man nach *Fertilia* kommt. Die kleine Stadt wurde 1930 während des italienischen Faschismus gegründet, für die Bauern aus Norditalien, für die verschleppten Süd-Tiroler, für die Flüchtlinge aus Istrien. Arkaden, Nazi-Bauten, die teils verkommen, und doch strahlt diese Stadt eine merkwürdige Ruhe aus. Hier ist man fern der Touristenströme, vergisst die Geschichte nicht, schaudert bei den Denkmälern und der Aufmarschallee und findet am Anfang der Arkaden die kleine Bar eines jungen linken Anwalts aus *Sassari*, wenn sie nicht schon wieder verschwunden ist. Ein paar Kilometer weiter weg, am *Porto Conte*, nahe der heutigen *Sa Pedra Pool Bar*, lebte Antoine de Saint-Exupéry, bevor er ein letztes Mal mit seinem Flugzeug von Korsika aus in den Himmel stieß. Man sagt, er sei vor allem in den letzten Tagen auf Sardinien schwermütig gewesen. Der Spiegel zitiert ihn: »Sicherlich bin ich der älteste Kampfflieger der Welt … Sollte ich abgeschossen werden, werde ich nicht das geringste Bedauern empfinden. Mir graut vor dem Termitenhaufen der Zukunft.« Aber belegt ist auch der Satz: »Ich kann es nicht ertragen, fern von denen zu sein, die Hunger leiden.«[72]

In diesem Bekenntnis in einem Brief an seine Frau trifft sich der Flieger mit dem Philosophen Antonio Gramsci, die beide ein schweres Herz

[72] Georg Bönisch/Romain Leick: Gelasse in den Tod. In: Der Spiegel 2008: www.spiegel.de/spiegel/a-542776.html (1.8.2024).

haben, aber im »Kleinen Prinzen« oder in den »Gefängnisheften« versuchen, einen Optimismus des Verstandes zu begründen. In einem Turm unweit von *Fertilia* gibt es eine Ausstellung über das Leben des Antoine de Saint-Exupéry.

»Du sollst wissen, dass ich mein Leben lang auf dich warte, auch wenn ich darüber alt werde und mein Gedächtnis verliere.«[73] Diesen Satz soll Consuelo de Saint-Exupéry an ihren Mann geschrieben haben. Nichts wünsche ich mir so sehr am Strand von Porto Conte, als dass es auch ein Satz von Giulia Schucht an Antonio Gramsci gewesen wäre, der ihm in den Gefängnismauern von Neapel lange nachhallte.

73 Ebd.

14. Fastnacht in Mamoiada (2020)

Mamuthones: eine der bekanntesten Masken des sardischen Karnevals

In der *Barbagia* liegt inmitten von Kork- und Steineichenwäldern ein kleines Dorf. Die Kirche *Nostra Signora di Loreto* prägt das Ortsbild. Es ist kalt hier im Januar, auf über 600 Metern Höhe bläst ein eisiger Wind.

Es ist die Stunde der »Mamuthones«, der sardischen Fastnacht in *Mamoiada.* Sardinien, ein Ort für Marx' Gespenster.[74] Auf der Insel war der erste Generalstreik Italiens, hier ließ Benito Mussolini künstliche Städte errichten, den Platz des faschistischen Futurismus in *Carbonia.* Dennoch ist kaum ein Ort so berührt vom Geist und der Unruhe einer klassenlosen Gesellschaft, befeuert vom Willen der Banditen, die nichts, rein gar nichts mit der Mafia und der 'Ndrangheta zu tun haben wollen.

Fragt man die Hundertjährigen[75] auf Sardinien nach den Geistern, so gibt es wenige, die ihre Existenz bestreiten. Eugenio Frotegio (103 Jahre) schwört auf seine Träume. Schon mehrmals hätten sie ihm gezeigt, wie er sich vor Gefahren schützen könne. Manche schlimme Schicksalswende sei ihm erspart geblieben, weil er auf die Stimmen gehört habe. Aber auch in praktischen Fragen sind die Geister den Hirten oft behilflich.

---

[74] Georges Derrida: Marx' Gespenster. Der Staat der Schuld, die Trauerarbeit und die neue Internationale. Berlin 2003.

[75] Ulla Rahn-Huber: Das Geheimnis der über Hundertjährigen auf Sardinien. München 2016.

So gibt es einen einfachen Zauber gegen die Adler, die im Frühjahr die Zicklein von den Feldern holen. Ein Bündel Zweige mit einem Faden zusammengebunden und einem oder mehreren speziellen Knoten verschnürt, schütze vor den Raubvögeln. Die Knoten sind das Geheimnis, gesammeltes Wissen einer untergehenden Welt. Wer sie beherrscht, der lässt sich nie mehr beherrschen. Wissen ist Macht.

Claudio, mein Freund von Verdi Sinistra, erzählte mir von den Feen und Zwergen zwischen *Bosa* und *Alghero*. Es seien gute Geister, die nachts den sardischen Rindviechern Geschichten von schönen Prinzen und heiligen Kühen im fernen Indien erzählten. Die Kühe seien so betört davon, dass sie sich zum Schlafen mitten auf die Straße legten. Die Feen würden beschützt von den Seeadlern. Also aufgepasst ab Mitternacht auf den Küstenstraßen.

Das Museum von *Mamoiada* war menschenleer. An der Kasse saß eine junge Frau. Sie bot mir eine Führung in englischer Sprache an. Das wollte ich nicht, ich wollte die Stimmen der Geister hören, die aus den Lautsprechern erklingen, die Schellen, die an den Kostümen der dunklen Gestalten den Fremden warnen. Sie sind wie die Glocken, die uns vor den Bären im Norden Kanadas schützen sollen. Glocken, über die die Bären lachen. Ich schaute mir die Kostüme an. Felle, bunte Farben. Ich merkte, wie ich innerlich ruhiger wurde, verlangsamte meine Schritte: Ich war angekommen in der sardischen Geisterwelt. Sie ist freundlich, aber düster. Die Geister waren liebevoll mit mir, solange ich sie nicht störte.

Vorher hatte ich den bedeutendsten Maskenbauer besucht. Franco Sale hat eine kleine Werkstatt voller Ausstellungsstücke. Sein Freund ist Maurer. Zwei Handwerker, der eine erschafft Geistermasken, der andere Mauern, durch die Geister hindurchgehen.

Wir rauchten und lachten, seine Frau kam, zeigte mir ihr Ladengeschäft. Ich fand meine Maske: rohes Holz und schwarze Farbe. Sie war noch nicht fertig. Sie sollte mich schützen, die neapolitanische 'Ndrangheta von der *Piazza Civico* in *Alghero* fernhalten. An Gespenstern mangelt es nicht, aber an guten Geistern.

15. Die dunkle Seite des Mondes – Spritztouren ans Ende der Welt (2024)

In dem Dorf *Villasalto* hielten wir das erste Mal an. Die Bar ist eine Tankstelle und die Tankstelle ist eine Bar. Davor hockte ein alter Mann an einem Tisch und träumte. Als ich näherkam, stand er auf und nahm mich an der Hand. Ich sollte ihm folgen? Er hatte mich verwechselt, es war ihm peinlich. Ich setzte mich an den Nebentisch, bestellte für meine Begleiterin einen Espresso und für mich ein Bier. Wir sassen schweigend beieinander. In der Bar putzte eine junge Sardin lustlos die Spüle, ein paar Jungs, die in die Jahre gekommen waren schauten sich im Fernsehen ein Fußballspiel an. Auf der anderen Straßenseite ging ein alter Mann vorbei. Er sah Nino Gramsci ähnlich, war ebenfalls in die Jahre gekommen, sein Rücken krumm, seine Haltung aufrecht. Er ging an Krücken und winkte zu uns herüber, lachte und rief meinem stillen Nachbarn etwas Fröhliches zu. Es schien ihn zu trösten. Er stand auf und kam an unseren Tisch. Er wollte kein Bier, er wollte nichts, nur erzählen. Er war einmal Schäfer, hatte spät geheiratet und noch zwei Söhne gezeugt. Wir Männer tauschten unsere Namen aus, er hieß Antonio. Er fuhr fort, es gebe Hirten, die Professoren wurden, die Literatur studierten. Er sprach von Gavino Ledda. Als ich den Titel des Buches »Padre Padrone« nannte, lachte er, nahm mich am Arm und wollte mir einen Kollegen vorstellen. In der Bar saßen zwei graue Männer und tranken Bier. Der eine war schmal, hatte lange weiße Haare, keine Lust auf ein Gespräch mit mir. Missmutig schaute er mich an. Antonio stockte, er konnte die Fremden nicht zusammenbringen. Ich verließ die Bar. Antonio war traurig. Der alte Mann mit den Krücken war auf dem Rückweg. Er schaute zu uns rüber, als wollte er sagen: »Hey, Jungs, kein Pathos. Leben ist nun mal so.«

Es war Zeit. Ich reichte Antonio die Hand, er nickte mir zu, wir stiegen ins Auto und fuhren davon.

Die Landschaft öffnet sich in die blumenbunten, sardischen Hochebenen. Alles war grün und gelb, dazwischen blaue und rote Feldblumen. Im Verborgenen lauerte die Radioaktivität. Wir waren auf dem Weg nach *Quirra*. Hier war militärisches Sperrgebiet. Vor einem Jahr wurden acht Offiziere vor dem Gericht in *Lanusei* freigesprochen. Die Richterin konnte die Kausalität zwischen militärischen Übungen und Leukämie, den Schafen mit zwei Köpfen und den einäugigen Totgeburten nicht sehen. In all den Jahren konnte man explodierende Bomben, Boden-Luft-Raketen, Boden-Boden-Raketen hören, aber Strahlung leuchtet nicht. Neben der neuen Landstraße SS 125 blühten überall Blumen und Kräuter, ein blauer Bus quälte sich durch die Landschaft. In den Dörfern herrschte Mittagsstille. Ich wollte versuchen, an die Abschussbasis von *Capo Lorenzo* zu kommen. Bei einem Landhotel, »Il Castello«, machten wir Halt, die Chefin war misstrauisch. Als ich ihr erzählte, dass ich auf den Berg steigen wollte, um die Ruinen des Schlosses zu sehen, schenkte sie mir eine Flasche Wasser mit der Bemerkung, ich solle vorsichtig sein. Plötzlich folgten uns zwei Autos, besetzt mit dicken Männern. Mein Panda war schnell. Auf einem Parkplatz mit zwei verrotteten alten Autos stellten wir ihn ab, eilten gemeinsam durchs Buschwerk. Aber die Männer waren schneller, fuhren durch die Büsche.

Zona Militare. Divieto di Accesso.

Ich zögerte. Schon waren die Männer neben uns. Sie ließen die Fenster herunter, blieben aber sitzen. Sie wussten, wer stärker war, drohten mir mit dem Finger, wie früher die Lehrer in der Schule. Sie trugen schwarze T-Shirts, darauf stand »EA«. Sie warteten, bis wir zurückgingen und in unser Auto stiegen, dann erst brausten sie davon.

Auf einem Berg in nördlicher Richtung sah ich einen abgebrochenen Zahn, die Überreste der Burg von *Quirra*. Da wollte ich hin, das Böse mit Abstand betrachten. Aber das Böse ist immer und überall. Auf der Burg, die im 13. Jahrhundert erbaut worden war, lebte nicht nur die gewalttätige Doña Manriquez, sondern auch Berengario Carroz, der seine Frau töten ließ, weil er sich in Manriquez verliebt hatte. Man kann die Geschichte nachlesen, wenn man sich schon auf den Spuren von Gewalt befindet. Die Straße führte über Feldwege, an einem Bauernhof vorbei und endete im Nichts. Zwei Camper aus Frankreich standen hier. Mit offenen Mündern schauten sie dem alten Mann hinterher, der bergauf lief. Aber mein Versuch scheiterte. Der Weg war zu weit. Die Nacht brach herein. Meine Freundin aus frühen und neuen Tagen wollte weiterziehen. Ich beugte mich, widerstrebend, aber sie lockte mich mit einem Hotel, das 30 Kilometer entfernt lag: 50 Euro pro Zimmer und fünf Sterne. Die leuchteten später nur am nächtlichen Himmel.

»Zwei Zimmer, bitte.« Der kleine dicke Rezeptionist schaute mich an. »Wir sind nicht verheiratet.« »Aha.« »È una vecchia amica.« »Aha.«

Sein Blick wurde starr. Ich hatte verloren. Er gab mir die Zimmerschlüssel. Ich ging voraus. Er blieb sitzen. Das Restaurant im Hotel sei mangels Gäste geschlossen, sagte er zu Jutta, meiner treuen Begleiterin, er werde jetzt verschwinden, Feierabend, unten im Tal sei eine Pizzeria, aber wir sollten mit dem Auto fahren, nachts wäre es hier stockdunkel.

Die Pizzeria war hell erleuchtet. Draußen Lampions, drinnen Neonlicht. Wir blieben draußen. Der Besitzer hieß Giorgio und war ein herzlicher Mensch. Er führte uns zum Tisch. Die Frau, die uns bediente, gefiel mir. Sie hatte das charaktervolle Gesicht einer Sardin in mittleren Jahren. Ich fragte nach dem Militärgelände und sie war die Erste auf dieser Reise, die mir bei dieser Frage nicht auswich. Sie sagte offen, sie bedaure, dass die verantwortlichen Offiziere freigesprochen worden seien. Jetzt seien die Kranken, die Missgebildeten, wieder auf sich selbst gestellt.

Wenige Tage vor der Regionalwahl im Februar 2024 erklärte die Kandidatin des Mitte-Links-Bündnisses, Alessandra Todde, sie wolle den Ausstieg aus den Militär-Übungsplätzen und nannte zum ersten Mal konkrete Zahlen. Auf Sardinien gebe es 31 Militärstützpunkte, 80% der gesamten italienischen Munition, die aus Übungsgründen verfeuert worden sei, sei auf Sardinien abgeschossen worden. Zwei der größten Schießplätze Europas seien auf Sardinien. Der Versuchsübungsplatz *Salto di Quirra* im Südosten an erster Stelle und an zweiter *Capo Teulada* im Südwesten.

Danach aber war es still geworden um die Schließungspläne. Signora Todde hatte die Macht der Nato unterschätzt. Einem Artikel von Francesca Arcai zu Toddes Initiative kann man Folgendes entnehmen:

> »In Salto di Quirra umfasst das für die Bevölkerung gesperrte Gebiet dreizehntausend Hektar. Hinzu kommen noch die zweitausend Meter des Capo San Lorenzo und ein Meeresarm. Die Berechnungen sind in der Untersuchung der sardischen Stützpunkte enthalten, die zu Beginn der Arbeit der ersten parlamentarischen Untersuchungskommission zur Verwendung von angereichertem Uran durchgeführt wurde. Insgesamt sprechen wir von etwa 120 Quadratkilometern: fast so viel wie die Stadt Paris. Doch an der Stelle des Eiffelturms gibt es einen 600 Meter hohen Hügel, den sogenannten ›Turmbereich‹, auf dem veraltete Materialien aus dem Zweiten Weltkrieg von verschiedenen NATO-Armeen zur Explosion gebracht wurden. Der Turmbereich ist jetzt unfruchtbar. Auf dem Territorium werden neue nationale und internationale Militärtechnologien getestet und die zerstörerischen Auswirkungen werden überprüft.«[76]

Der Mond ging auf über der Pizzeria. Ich betrachtete die Kellnerin, wie sie sich bewegte zwischen den Tischen, elegant, zugewandt und distan-

[76] Francesca Arcai: La pesante eredità delle basi militari aleggia sul voto in Sardegna; www.wired.it/article/sardegna-basi-militari-inquinamento/ (1.8.2024).

ziert. Ihr Verstand hatte ein Gefühl und ihr Körper einen Geist. Gramsci hätte sich gefreut. Er spricht vom Alltagsverstand der Menschen, dem Zusammenhang von Wissen und Gefühl.

Aus meiner Beobachtung wurde Begehren, ich hatte Schuldgefühle. Jutta spürte das, aber ihr Alltagsverstand verzieh. Die Kellnerin brachte uns die Pizza. Als wir noch einmal ins Gespräch kamen, stellte ich meine Begleiterin vor, sie sei eine »amica vecchia« und da korrigierte mich die Sardin und schüttelt dabei den Kopf. Sie denke, die Frau am Tisch sei nicht alt, aber eine Freundin aus alten Zeiten, »*una amica di vecchia data*«. Sie sagte es ohne Vorwurf, sie stellte mich nicht bloß, aber es war mir peinlich und ich verstand den Rezeptionisten des Hotels angesichts meiner dürftigen Sprachkenntnisse. Ich sollte mich bessern. Auf meine Frage, ob sie die Frau von Giorgio sei, lachte sie nur. Nein, sie sei die Schwester. Wir kamen zurück ins Hotel, es war immer noch leer, nur zwei Zimmer beleuchtet, es war unheimlich. Im Bad machte ich das Licht an, Fledermäuse schreckten auf. Als ich mein Bett aufdeckte, lag keine tote Katze darin, kein abgeschlagener Pferdekopf, aber Hunderte von Ameisen hatten es sich gemütlich gemacht. Ich fand keinen Platz. Da half nur Autan.

Das Frühstück machte alles wieder gut. Eine große Terrasse, zwei Paare saßen weit entfernt und flüsterten, alte Leute wie uns grüßten sie nicht einmal. Die Kellnerin war aufmerksam und fürsorglich.

Wir mussten weiter, unsere Forschungen hatten erst begonnen.

Im Konflikt um das Militärgelände nimmt die Stadt *Perdasdefogu* eine Schlüsselrolle ein. Wir fuhren vom Meer in die Berge über Canyons, blühende Wiesen, vorbei an Windrädern, Kühen und Schafen. Die Straße ist steil und nach 22 Kilometern sahen wir einen aufgespießten »Starfighter« vor uns, oder war es eine »Mirage«? Wir befanden uns am Haupteingang des Militärkommandos. Stacheldraht, Kasernen, Soldaten. Hier können die Rüstungsfirmen, die Waffenschmiede Europas, Mietverträge abschließen, das Gelände pachten, Bomben abwerfen. Hier übt der »Europäische Military-Industrial Komplex« den Ernstfall mit Feuer, Tod und Teufel. Da fliegen die Boden-Boden-Raketen und die Boden-Luft-Raketen mit und ohne radioaktive Stoffe. Es ist paradox, aber in *Perdasdefogu* leben zugleich die meisten Hundertjährigen der Welt, bezogen auf die Einwohnerzahl des Ortes.

»[Hundertjährige] sind sozial, hilfsbereit und altruistisch und pflegen herzliche Verbindungen zu ihren Familien, ihren Freund*innen und Pflegepersonen«, schreibt National Geographic in der Ausgabe vom 1. Dezember 2023.[77] Wir liefen durch den Ort, betrachteten die

[77] Insa Germerott: Das Geheimnis der Hundertjährigen: Wie man besonders alt wird. In: National Geographic 2023; www.nationalgeographic.de/wissenschaft/2023/12/das-geheimnis-der-hundertjaehrigen-wie-man-besonders-alt-wird-gluck-psychologie-personlichkeit (1.8.2024).

Fotografien der Hundertjährigen und ihre Lebensdaten. Die Bilder waren großformatig an den Häusern angebracht. Freundliche, lachende Gesichter blicken uns entgegen.

Nur wenige Kilometer entfernt liegt das Dorf *Escalaplano.* Hier leiden viele Menschen »an Tumoren des hämolymphatischen Systems, insbesondere an Leukämie, [...] wobei Spitzenwerte von über 60% in den Siedlungen ermittelt wurden, die dem Sperrgebiet am nächsten liegen. Es wurde festgestellt, dass in denselben Ortschaften Tiere mit schweren Missbildungen geboren wurden«.[78]

Schaut man sich die geographische Lage von *Escalaplano* an, studiert die Windverhältnisse bei Mistral und Seewind, so ist das nicht verwunderlich. Der Ort liegt in einer Windschneise, will sagen, der Wind trägt die Emissionen des Übungsgeländes vor sich her.

Zurück in *Perdasdefogu* hörten wir Gesang auf der Straße, Menschen stellten sich an den Straßenrand, Männer nahmen ihre Mützen vom Kopf: ein Prozessionszug, am Anfang die Frauen im Trauergesang, Männer mit weißen Kapuzen, dann der Leichenwagen, dahinter der Pfarrer, eingerahmt von jungen Ministranten. Er sah uns, seine Stimme wurde lauter, die Touristen sollten wissen, wer hier das Sagen hatte.

Wir wussten es besser, es sind die Rüstungskonzerne und die NATO. All is lost – hier verlor meine deutsche Freundin aus alten Tagen ihre Geldbörse, mit Ausweis, Kreditkarten und Führerschein, hier zwischen den Feldern des Todes, suchten wir einen ganzen Tag, wir grasten die Straßen ab, die Felder, den Park und fuhren schweren Herzens den ganzen Weg zurück in das einsame Hotel. Wir meldeten den Verlust den Carabinieri, aber der Geldbeutel blieb verschwunden.

Erschöpft und ratlos entschieden wir uns, wieder in die Berge zu fahren, in die *Ogliastra.* Auf dem Weg von *Perdasdefogu* nach *Jerzu* (Stadt des Weins) kamen wir zum »Rifugio Ogliastra«, einem Gasthof mit 400 Restaurantplätzen mitten im Wald bei der Wallfahrtskirche San Antonio. Alle Zimmer waren belegt.

Der Portier sah uns unsere Bedürftigkeit an und empfahl uns das Hotel »Su Marmuri« in *Ulassai.* Er meinte, der Hotelier sei ein guter Mensch, er habe nur einen Fehler, er sei Vegetarier und das sei wie Abstinenz in einer Weingegend. *Ulassai* liegt angeschmiegt am Berg, über dem Ort gewaltige Felsen, ein Paradies für Kletterer. Wir fuhren mehrmals am Hotel vorbei, jeder Passant schickte uns in eine andere Richtung, dabei liegt das Haus direkt an der Hauptstraße, zugewachsen, umrankt von Wein und Efeu. Das Schild sieht man nur, wenn man direkt davorsteht. Der Chef ist jung und weltgewandt, er spricht fließend

---

[78] Europäisches Parlament: Parlamentarische AnfrageE-000181/2011. Brüssel 2011; www.europarl.europa.eu/doceo/document/E-7-2011-000181_DE.html?redirect (1.8.2024).

Englisch. Als ein betrunkener Nachbar das Foyer betritt und randaliert, wirft er ihn nicht hinaus, er spricht mit ihm, entschuldigt sich bei mir mit den Worten: »Er ist ein guter Mensch, liebevoll und intelligent. Er ist nicht böse. Alle drei Wochen aber trinkt er einen Liter Wein und ist wie verwandelt.«

Der Trunkenbold lief rein und raus, der Hotelier kopierte unsere Ausweise und wir bekamen zwei wunderschöne Zimmer, ganz oben im Hause, mit Blick auf Meer und Berge. Das Dorf lag in einem Canyon, eingerahmt vom *Bruncu Matzeu* und vom *Bruncu Pranedda*. Die jungen Franzosen und Amerikaner, Engländer und Deutschen, die zum Klettern kommen, nehmen ihre menschliche Umwelt gar nicht war. Sie gehen ins Hostel, essen abends Pizza und laufen an der Gemeindebibliothek, am Museum für moderne Kunst, an der Cooperativa Tessile einfach vorbei. Sie sind laut und englisch und man trifft sie nicht in den Bars. Sie übersehen den Buchladen von Mario Pilia am *Corso Vittorio Emanuele*, einen Ort der guten Geister. Neben Schulheften und Füllern, neben Postkarten und Kalendern liegen die neuen Bücher von Paul Auster, Isabel Allende und alle Bücher der Weltliteratur: Grazia Deledda, Italo Calvino … »Und das Schönste ist«,» sagte Mario, »ich kann sie alle selbst lesen. Ich behandle sie vorsichtig, so dass es keiner merkt: die Gedanken und Ideen bleiben drin.«

Ich kaufte ein Kinderbuch für meinen Enkel Nino: »L'amico del piccolo tirannosauro« und einen Band der italienischen Verfassung mit Erläuterungen für junge Leute. Mario lachte. An der Wand entdeckte ich einen eingerahmten Brief. Die Parlamentsfraktion des *Gruppo Rifondazione Comunista – Progressisti* ermutigte den Buchhändler in den Bergen weiterzumachen. »Gute Menschen brauchen Bücher«, schrieben sie, »halte durch, auch wenn der Ertrag gering sein wird.« Mario hielt durch und das mit Humor.

Es war Zufall, dass ich auf Vittorio Vargiu stieß. Das wäre nie der Fall gewesen, hätte die Kommune ihren Sohn einfach vergessen, aber es gibt denkende und fühlende Menschen in diesem wunderbaren *Ulassai.* Vittorio Vargiu ist 25 Jahre alt geworden. Er wurde am 10. Mai 1919 in *Ulassai* geboren und wäre heute 105 Jahre alt. Einer der Plätze in dem Dorf trägt seinen Namen.

Im Juni 1944 wütete in der Toskana die erste Kompanie des Gebirgs-Pionier Bataillons 818, das in Mittelitalien den deutschen Rückzug sichern sollte. Es war anfangs unklar, ob Vittorio einem Vergeltungsschlag zum Opfer fiel oder im direkten Kampf starb. Die Nachforschungen von Carlo Groppi haben Licht ins Dunkel gebracht. Vittorio wurde als Kind armer Eltern geboren, nach der dritten Klasse konnten sie das Schuldgeld nicht mehr aufbringen. Vittorio arbeitete seit seinem zwölften Lebensjahr als Hirte und Knecht auf den Feldern. Er liebte Bücher und Geschichten. Er war ein nachdenklicher Junge. Er verliebte sich in

Jolanda Deligias und in dem Jahr, in dem Antonio Gramsci starb, im April des Jahres 1937, heirateten sie. Beide waren 18 Jahre alt. Vittorio wurde Soldat, er wollte der Armut entgehen, wollte Bildung und wurde Obergefreiter. Auf dem italienischen Festland lernt er einen anderen Sarden kennen: Francesco Piredda aus *Nuoro*. Zu ihnen stieß Oberst Vito Finazzo und es entstand eine Gemeinschaft von denkenden, suchenden jungen Männern jenseits aller Klassenunterschiede. Auch der Marquis Gianluca Spinola schloss sich ihnen an. Gramsci hätte seine Freude gehabt an den Männern, die das Leben liebten, die Gerechtigkeit, andere Menschen achteten und von einer neuen Gesellschaft träumten. Auf dem Landgut des Marquis lebten Vittorio und Francesco über einige Monate und gründeten die »Banda di Ariano«. Eine Gruppe, so die damalige Lesart, die aus »zwei Proletariern und zwei Aristokraten bestand«.

> »Der Name [der Gruppe] stammt von Ariano [einem Ort in der Nähe von Volterra], wo sich die vier Freunde, die nach dem Waffenstillstand vom 8. September 1943 ihre Militäruniformen abgelegt hatten, trafen und ein Partisanenabkommen schlossen, das sie veranlasste, mit dem Kommando ›Giustizia e Libertà‹ und anderen Partisanenverbänden von Oberst Vito Finazzo im Kampf gegen den Faschismus zusammenzuarbeiten. Von diesem Zeitpunkt an führten sie in der Gegend von Colle di Val d'Elsa und Castel San Gimignano mehrere Vergeltungsaktionen gegen SS-Konvois der Nazis durch, die viele Opfer forderten und so den Vormarsch der Wehrmacht stark verlangsamten. Bei einem weiteren Feuergefecht im Sommer 1944, ebenfalls in diesen Gebieten, wurden sie gefangen genommen und gefoltert, in der Hoffnung, dass sie ihre Kontakte zu anderen Gruppen preisgeben würden. Dies war nicht der Fall, und bei der Übergabe in der Nähe von Castelnuovo di Val di Cecina wurden sie am Straßenrand erschossen. Ihre Leichen wurden bis zur Unkenntlichkeit verstümmelt und mit den Leichen der siebzig Bergleute aus Niccioleta zusammengeworfen, die wenige Tage zuvor massenhaft getötet worden waren.«[79]

Ich ging den Spuren von Vittorio Vargiu nach und traf Menschen, die ihn nicht vergessen hatten. Die Leiterin der Kommunalen Bibliothek heißt Rita. Ich erzählte ihr von Afrika, von den Bibliotheken in den kleinen Städten, die wenige Bücher haben, aber abends Licht, die eine Zuflucht sind für Jugendliche, geschützte Orte zum Denken, Lesen und Reden. Da hörte ich Stimmen von jungen Frauen, die hinten im Raum zusammensaßen, Schulaufgaben machten und kicherten. Rita zeigte uns Bücher, die Giuseppe Cabizzosu herausgibt, zum Beispiel den Band

---

[79] Carlo Groppi: La piccola Banda di Ariano. Storie di Guerre e di restistenza. Archivato di Comune di Grossetto. Castelnuovo Val di Cecina 2001.

Psicologia di Sardegna von einem Paolo Orano, der Ende des 19. Jahrhunderts in Rom gelebt hatte.[80]

Rita rief Giuseppe Cabizzosu an und wir trafen uns am nächsten Morgen. Wir suchen beide nach Spuren von Vergessenen. Wir lieben Filme, er berät als Sozialarbeiter bedürftige Familien, ich Kriminelle, wir suchen nach einer Philosophie der Praxis. Im Gegensatz zu Vittorio Vargiu und Antonio Gramsci haben wir Glück gehabt. Es sieht so aus, als dürften wir alt werden und Bücher schreiben. Giuseppe bestätigte mir, was Mario bereits erzählt hatte, *Ulassai* sei ein Dorf mit linker Geschichte, wenig Streit untereinander. In dem Buch *Psicologia di Sardegna* stoße ich auf das Kapitel »Ballo e cantate« und mir wurde bewusst, dass ich viel zu wenig geschrieben habe über die Gesänge, die Kostüme und die Volkstänze. Da traf es sich, dass Sebastiano mir geraten hatte, unbedingt noch heute, am 8. Mai 2024, dem Tag der Befreiung, nach *Lula* zu kommen, zum Fest des Heiligen Franz.

Es fiel mir schwer, den Ort zu verlassen. Das war untypisch für mich. Jutta wartete, aber ich musste noch zum Metzger und nach den Büchern dem Fleisch nachgehen. Gianfranco ist der Cousin von Mario, immer aufseiten der Armen und Unterdrückten. Er stand vor seiner Maccelleria, redete mit den Rentnern und betrachtete die Welt. Sein Laden ist ein Kunstwerk, prachtvolle Messer, halbe Ziegen, beste Weine, Stickereien, Kräuter, Öle: *Il profumo della Sardegna*. Es gibt Würste und Schinken von den besten Ziegen, Schafen, Wildschweinen und Rindern. Es gibt all das, was dem kleinen Gramsci und dem Jungen Vittorio fehlte: Fleisch, Wurst, Gewürze und Wein. Umso mehr erfüllte sie eine unerfindliche Liebe zu den Menschen, die sich in den Briefen der Beiden an ihre Mütter ausdrückt.

Kurz vor seinem Prozess im Mai 1928 schrieb Antonio Gramsci an seine Mutter:

> »Ich möchte Dir sagen, dass ich es im Grunde genommen nicht anders gewollt habe, weil ich nie meine Meinung aufgeben wollte, und ich bin bereit, dafür nicht nur ins Gefängnis zu gehen, sondern sogar mein Leben zu opfern. Deshalb kann ich ruhig und mit mir selbst zufrieden sein. Liebe Mamma, ich möchte Dich gern ganz fest umarmen, damit Du spürst, wie lieb ich Dich habe und wie ich Dich für diesen Kummer trösten möchte, den ich Dir bereitet habe – aber ich konnte nicht anders handeln.«[81]

Ähnlich ergreifend sind die Worte von Vittorio in einem Brief an seine Mutter. Als hätten die beide Sarden geahnt, dass ihr Leben auf dem

---

[80] Paolo Orano: Psicologia della Sardegna. A cura di Giuseppe Cabizzosu. Ulassai 2024.

[81] Zitiert nach Fiori, S. 281.

Kontinent nur von kurzer Dauer sein wird. »Lebe ruhig und mach dir keine Sorgen um mich: Lass mein Leben verschwinden, wie ein neues aus Rauch, der sich am Firmament verliert und nie wieder zurückkehrt.«

An dem Platz, der nach Vittorio Vargiu benannt worden war, blieb ich noch einmal stehen. Ich sprach einen aus der Gruppe der alten Männer an, mein Italienisch war nicht besser geworden und ich fragte, ob sie mehr wüssten über den Tod des Partisanen. Ich käme aus dem Land der Mörder und würde gerne um Verzeihung bitten. Sie schüttelten den Kopf, einer legte mir die Hand auf die Schulter. Etwas später traf ich ihn noch einmal im Supermarkt, er schenkte mir einen Sack voller Orangen. »Warum ich?«

Er lachte und ging von dannen. Hinter der Ortsmitte ist ein riesiger Rasenplatz, den ich dort nie vermutet hätte, darum herum Bänke, eine Schule, alte Häuser der Minenarbeiter. An der Grundschule ist ein Zitat von Maria Lai gemalt, es handelt vom Flug der Gänse. Ich wusste nichts über diese Künstlerin, über deren Existenz, ihre Performanz, ihre Skulpturen, ihren Blick auf Nadel und Faden, ihr Manifest »Über Politik und Kunst«, ihre Bilder. Ihr letztes Werk, eine Skulptur, ist Antonio Gramsci gewidmet. Es ist eine Darstellung seines Märchens »Die Maus und der Berg«, das Gramsci im Gefängnis für seinen Sohn Delio geschrieben hatte. Am 28. Oktober 2007 wurde die Skulptur eingeweiht.

»Die Maus bin ich, der Berg ist *Ulassai*, mit dem ich verbunden sein möchte, eins mit all denen, die die Freiheit lieben und dabei genau an Gramsci denken«, sagte Maria Lai am Tag der Eröffnung. Da ist er wieder, der gute Geist des Herrn Gramsci. Fast hätte ich das Kunstwerk von Maria Lai auf dem Gelände des alten Bahnhofes übersehen. Der alte Bahnhof, der damals alles verbinden sollte, die abgehängte *Ogliastra* mit dem restlichen Sardinien und der Welt, ist jetzt das Haus von Maria Lai. Alles an der Skulptur wurde in *Ulassai* hergestellt, verzinkt, verschweißt von zwei Brüdern, die eine Metallbaufirma haben, so wie im Mittelalter, als Arbeiter und Künstler noch zusammen die großen Bauwerke schufen: Das fünf Meter hohe Gebilde steht zwischen dem Meer und dem Berg.

Das Märchen von der Maus hat Gramsci geschrieben, nachdem er Grimms Märchen im Gefängnis übersetzt hatte. Schon bei den Grimms fügte er eigenwillig Namen hinzu und veränderte Grundsituationen, zum Beispiel die Schwestern von Aschenputtel. Schneewittchen wird bei Gramsci zu Schneechen statt banal zu Biancaneve, aus dem Daumesdick des 19. Jahrhunderts wird ein kleines Fingerchen, Mignolino.[82] Da-

[82] Rolf Wörsdörfer: Die Guten in die Küche, die Schlechten ins Wohnzimmer. Wie der Kommunist Antonio Gramsci im Gefängnis die Gebrüder Grimm übersetzte. In: Frankfurter Allgemeine Zeitung von 8.2.2012; flore.unifi.it/retrieve/handle/2158/606173/18672/Recensione%20FAZ.pdf (5.8.2024).

mit machte Gramsci die Grimm-Märchen für italienische Kinder bunter, menschlicher, einprägsamer. Er hatte ein Gespür für kindliches Wortverständnis, gerade weil er selbst keine Kindheit hatte.

Im Frühjahr 1932 schrieb Gramsci an seine Schwester Teresina:

> »Um in Übung zu bleiben, habe ich aus dem Deutschen eine Reihe kleiner Volkserzählungen übersetzt, gerade solche, die uns als Kinder gut gefielen.«[83]

Im Brief an seine Frau Giulia Schucht vom 1. Juni 1931 umreißt Gramsci für seine beiden Söhne Giuliano und Delio die Geschichte von der Maus und dem Berg. (Giuliano, der nach seiner Inhaftierung auf die Welt kam, hat er nie gesehen). Er verzichtet auf bildhafte Sprache, schickt seiner Frau Giulia lediglich eine Kurzfassung, die sie dann beim Erzählen zum Märchen erblühen lassen soll.

> »Liebste Giulia,
> [...] Ich möchte Delio nun eine außergewöhnliche Novelle aus meiner Heimat erzählen. Ich mache für dich eine Kurzfassung und du wirst sie ihm in allen Farben schildern, ihm und Giuliano.
>
> Das Kind schläft. Ein Kännchen mit Milch steht bereit für sein Frühstück. Eine Maus trinkt die Milch weg. Als das Kind erwacht, schreit es, weil keine Milch da ist. Die Maus läuft zur Ziege, um Milch zu holen. Aber die Ziege kann keine Milch geben, weil sie kein Gras zu fressen bekommt, denn die Erde ist ausgetrocknet und braucht Wasser. Die Maus geht zum Brunnen. Der Brunnen wurde im Krieg zerstört und das Wasser ist versickert. Um den Brunnen neu zu bauen, muss man eine Wand ziehen und dazu braucht es Steine. Die Maus geht zum Berg und es kommt zu einem außergewöhnlichen Dialog zwischen der Maus und dem Berg, der von Spekulanten abgeholzt worden ist. Überall sieht man nur Steine und den blanken Fels, und keine Erde. Die Maus erzählt dem Berg die ganze Geschichte und verspricht, dass das Kind, wenn es einmal erwachsen ist, Bäume anpflanzen wird, Pinien, Eichen, Kastanien. Da gibt der Berg die Steine her für den Maurer. Es gibt wieder Wasser, Gras und frische Milch. Das Kind hat jetzt so viel Milch, dass es keinen Hunger mehr hat. Es wächst, pflanzt die Bäume, alles verändert sich; die Natur pendelt sich wieder ein.
>
> Liebste Giulia, du musst den Kindern diese Geschichte unbedingt erzählen und mir dann mitteilen, wie sie darauf reagiert haben.
> Ich umarme dich zärtlich.
> Antonio«[84]

---

[83] Zitiert nach Wörsdörfer, a.a.O.

[84] Antonio Gramsci: L'albero del riccio. Milano 1984, S. 19. Übersetzung von Franziska Bolli.

Die kindliche Poesie, mit der Gramsci aus dem Kerker von Neapel heraus seinen Söhnen etwas über das ökologische Gleichgewicht erzählt, trifft Jahrzehnte später auf eine zerstörte Umwelt und die Künstlerin Maria Lai findet dafür ein Bild, eine Skulptur. Wenn sie Gramsci ihre letzte Arbeit widmet, gefertigt mit den Handwerkern aus *Ulassai*, so entsteht in dem kleinen Dorf zwischen den Bergen ein Gesamtkunstwerk im Sinne des Theoretikers der Kulturellen Hegemonie.

Erst nach vielen Jahrzehnten habe ich als Theaterintendant ein anderes Verhältnis zu Bild und geschriebenem Text entwickeln können. Etwas, was Marie, meine Tochter, als Bühnenbildnerin in ihrer künstlerischen Arbeit sucht. Die Fäden der Maria Lai treffen in Grönland auf ein Bühnenbild der Marie Labsch, die mit dem Regisseur Ingo Putz die Geschichte eines Inuit-Kindes erzählte. Der Schnee, der dort fällt, ist aus Papier, aus Papierrollen, die zum Druck von Zeitungen benutzt wurden.[85]

Schaut man sich Maria Lais Skulptur an, nimmt man sich die Zeit, so sehen wir eine fünf Meter hohe Plastik, an deren Spitze das Kind dem Berg die Bäume wieder gibt, die Generationen vor ihm der Landschaft geraubt hatten. Gramsci wünschte sich, dass Kinder beim Erzählen seiner Fabeln nachdenken, über sich und ihre Zukunft.

Auf der Rückfahrt in Richtung *Nuoro* liegt am Hang das Geisterdorf *Gairo Vecchio.* Es mag ein Anziehungspunkt für Touristen sein, aber der Blick auf dieses verlassene verfallende Ensemble ist dramatisch. Hier liegt nicht das vordringliche Ergebnis von Wegzug, Industrialisierung und Migration, hier liegen die Überreste zweier Dörfer, die 1951 verlassen wurden, nachdem massive Regenfälle nach jahrelanger Trockenzeit die Berge wegrutschen ließen, mit ihnen die Häuser, das Vieh und die Menschen.

Die überlebenden Einwohner stritten, was zu machen sei, und es gab unterschiedliche Vorschläge, über die abgestimmt wurde. Wiederaufbau an besserer Lage oder Wegzug aus dem Tal waren im Gespräch. Einigen konnten sie sich leider nicht, das Dorf spaltete sich auf. Die Einwohner bauten kurzerhand mehrere neue Siedlungen: *Gairo Taquisara*, *Gairo Sant'Elena*, *Osini Nuovo* und *Cardedu*. Die Minderheit zog an die Küste.

Maria Lai und Antonio Gramsci haben über die von Menschen gemachten Katastrophen eine Geschichte geschrieben: in Tinte und in Fäden, in Eisen und in Zink, auf Papier und in den Himmel. *Il Topo e la montagna* hat ein Happy End. Lai und Gramsci wünschten sich, dass

[85] Ein internationales Team aus grönländischen, isländischen und deutschen KünstlerInnen hat am 19. April 2019 gemeinsam eine dreisprachige Version des Stückes »Das Kind der Seehundfrau« erarbeitet und im Katuaq in Nuuk und im Nordic House in Reykjavík zur Aufführung gebracht.

die Menschen etwas verstehen: Es ist die Produktionsweise, der wir uns untergeordnet haben, aber wir sind es, die dagegen Widerstand leisten müssen. Den Preis, den Antonio Gramsci und Vittorio Vargiu gezahlt haben, als sie die radikalste Form des Kapitalismus, den Faschismus, bekämpften, haben sie für ihre Nachkommen gezahlt. In dem kleinen Dorf *Ulassai* erinnert ein Schild an den jungen Partisanen, eine Skulptur an Lai und Gramsci und ihre Fähigkeit, Geschichten zu erzählen. Uns hilft es, in Zusammenhängen zu denken, wenn wir aufmerksam und geduldig sind. Wir brauchen Zeichen gegen das Vergessen und gegen die Unsichtbarkeit atomarer Strahlung.

16. Der Heilige und die Banditen von Lula (2024)

Wir treffen Sebastiano, Gigi, Bruno und Gianpaolo auf der Landstraße SP 45, zwischen *Nuoro* und *Lula* haben sie auf uns gewartet. An eine Leitplanke gelehnt, sahen die vier Fotografen aus wie die Mitglieder der »Olsenbande«, zumindest wie eine sardische Version. Allerdings eleganter, schlanker, gestylter. Eben sardisch.

Sie sind eine Bande, ein Band aus Sympathie und linker Geschichte. Sie haben sich zusammengeschlossen, damit keiner einsam ist. Sie haben eine politische Biografie, ohne in einer Partei gewesen zu sein, sind offen für neue Abenteuer. Wir – Jutta und ich – kamen aus dem Herzen Sardiniens, aus der *Ogliastra*. Jutta, die mich aus Deutschland besuchte, fand rasch ihren Platz in dieser Männerwelt. Sie wurde aufgenommen wie eine Schwester. Die politische Forderung »Banden bilden« ist historisch verbrieft und jüngst wieder in den Publikationen der Frauenbewegung formuliert worden. Franz von Assisi und seine Brüder waren eine Bande.

Ihre Philosophie war praktisch, radikal in der Ablehnung von Eigentum und Geld. Gib Saures für Süßes. Unter dem Pflaster liegt der Strand. In den Häusern reicher Leute bekam Franz regelmäßig Schwindelanfälle.

Südlich von *Lula* steht eine Wallfahrtskirche. Ich war schon dort, allerdings zur falschen Zeit. Ich habe nie verstanden, was in diesem gewaltigen Refugium geschieht. Mal waren die Wände der Kuppelkirche und der an sie geschmiegten Häuser frisch getüncht, mal hatte der Regen seine Spuren hinterlassen und die Farben abgewaschen. Nach außen wirkt das Gelände wie eine Festung. Es ist meist abgeschlossen, die beiden Tore sind mit eisernen Schlössern gesichert. Im Mai ist alles anders. An zehn Tagen kommen die Menschen aus *Nuoro* auf den Berg gepilgert, zu Fuß, mit Autos, mit Bussen und mit Pferden.

Heute fand die Reiterprozession statt. Da, wo wir uns getroffen hatten, machen sie Zwischenstation. Männer und Frauen in schwarzen Cordanzügen, mit Stiefeln und Sporen, gegelten Haaren. Junge und Alte, Dicke und Dünne reiten auf wilden Pferden über Stock und Stein. Wenn sie am Platz ankommen, umrunden sie ein Kreuz, berühren es oder küssen das mit Blumen geschmückte Kruzifix. Wild schnaubten die Pferde, Käse und Wurst wurden gerichtet, frisches Lammfleisch zerhackt und samt Knochen verteilt. Die Frauen reichten uns Kaffee und Gebäck, wir gehörten dazu.

Es wurde gebetet und der Heilige Franz steckte in einem braunen Kasten, den der Prior am Kreuz abgestellt hatte. Allerdings hatte sich Franz nach der Schlacht von Perugia (1202) von Pferd und Rüstung ver-

Fest des Santu Antinu in Sedilo/Ardia in der Nähe von Ghilarsa: eines der wil-

abschiedet. Sein Weg führte nach unten, zu den Armen, in den Staub. Er liebte alle Kreaturen. Einmal, so wird es erzählt, traf er in den Bergen von *Gubbio* einen Wolf und versöhnte die Menschen mit ihm.

In Grimms Märchen, die Antonio Gramsci aus dem Deutschen ins Italienische übersetzt hat, werden Prinzessinnen auf Pferde gehoben und in Schlösser gebracht. Franz war mit Klara zu Fuß unterwegs. Eine wichtige Rolle spielt das Pferd in der Geschichte des Heiligen Martin. Martin war kein Mann der großen Worte. In einer kalten Nacht traf er auf einen Bettler. Martin hätte den Mann fast übersehen, aber das Pferd hielt an. Der Mann fror. Mit dem Schwert zerteilte Martin seinen Mantel und gab dem Bettler eine Hälfte. Sein Leben bekam von nun an einen Sinn. Geben löst durchaus Wohlgefallen aus. Nebenbei entsteht Gerechtigkeit. Die Begegnung hatte etwas Sachliches, Alltägliches.

Antonio Gramsci interessierte der Aspekt des Teilens unter dem Gesichtspunkt der Gleichheit. In den Gefängnisheften hebt er die Bedeutung der franziskanischen Tertiarier hervor:

> »Die Schaffung der Tertiarier ist eine sehr interessante Tatsache popular-demokratischer Herkunft und Tendenz, die den Charakter des Franziskanertums als tendenzielle Rückkehr zu den Lebensweisen und Glaubensformen des Urchristentums deutlicher erhellt, zu einer Gemeinde von Gläubigen und nicht nur des Klerus, wozu es immer mehr gekommen war. Es wäre deshalb nützlich, den Erfolg dieser Unternehmung gut zu studieren, der nicht sehr groß gewesen ist, da

desten Feste Sardiniens, bei denen Pferde ebenfalls eine wichtige Rolle spielen

> das Franziskanertum nicht zur Religion überhaupt wurde, wie Franziskus es beabsichtigte«.[86]

Gramsci analysierte die Abkehr der Franziskaner von den Armutsidealen nach Franz. Den Franziskanern erging es im Laufe des späten Mittelalters etwa so wie den Sozialdemokratien der Neuzeit. Der Schwung von Franz und den ersten Brüdern ging verloren, die Kompromisse nahmen zu. Gramsci nahm an Kirchenkritik vorweg, was erst in unserem Jahrhundert an kirchlichem Legitimationsverlust geschah, zugleich hob er die Bedeutung des originären Franz hervor. Adolf Holl nennt Franz den letzten Christen.[87] In seiner Person entsteht ein Aufbegehren gegen die Neue Zeit, gegen die Maschinen, gegen den Kapitalismus. Die *Sagra di San Francesco* in *Lula* ist eines der traditionsreichsten Kirchenfeste und die Tradition soll weit hinter christliche Anlässe zurückreichen. Es muss also schon vorher einiges los gewesen sein auf dem Berg von *Lula*.

Im Hintergrund erhebt sich, direkt hinter einem schroffen Hügel, der kahle, majestätische Montalbo. In strenger, stimmungsvoller Umgebung liegt ein Ort, der Inbegriff von Spiritualität ist, und zu dem Gläubige aus ganz Sardinien pilgern, um ein doppeltes Fest mit legendären Wurzeln zu feiern. Die Rede ist von der Kirche San Francesco, die nur knapp drei Kilometer von *Lula* entfernt liegt: Hier findet zwei-

[86] Antonio Gramsci: Gefängnishefte, Band 8, Heft 20, § 2, Hamburg 1998, S. 2015f.

[87] Adolf Holl: Franz von Assisi. Der letzte Christ. Freiburg im Breisgau 2000.

mal im Jahr, am 1. Mai und am 4. Oktober, eine der charakteristischsten und zutiefst empfundenen Andachtshandlungen der Insel statt, die Grazia Deledda in ihrem Roman »Elias Portolu« beschrieben hat. Auf der Website von »Sardegna tourismo« wird der Hintergrund erklärt:

> »Der Ursprung des Festes geht auf ein wahres Ereignis zurück, nach der ein Bandit aus dem Dorf Lula zu Unrecht des Mordes beschuldigt wurde. Um einer Verurteilung zu entgehen, tauchte er unter und versteckte sich in einer Höhle im umliegenden Hügelland. Nachdem schließlich seine Unschuld bewiesen werden konnte, baute der Bandit zum Dank eine Kirche. Das heutige Gebäude ist jedoch ein Nachbau aus dem Jahre 1795 eines früheren Bauwerks, das wahrscheinlich aus dem 16. Jahrhundert stammte. Im Inneren des Kirchenraums befindet sich eine hölzerne Statue des Heiligen Franziskus von neapolitanischer Schule aus dem 17. Jahrhundert.«[88]

Kurios ist an dem Fest, dass die Bürger aus *Lula* nicht eingeladen werden. Sie sind Zaungäste. *Lula* gilt in Sardinien als ein anarchistischer Ort. Die Einwohner bestehen auf absoluter Autonomie, jahrelang gab es keine Bürgermeister. Erst auf Druck der Landesbehörden wurden diese Ämter besetzt. Die aus *Lula* sind die letzten Vertreter eines historischen Bandenwesens. Tatsache ist, dass in *Lula* die meisten Morde pro Einwohnerzahl geschehen. Ende Oktober 2023 war Nico Piras auf dem Weg nach Hause, als er mit einer Schrotflinte in den Bauch geschossen wurde. Er starb nach einer Notoperation in *Nuoro*. Auch der Bruder von Nico Piras war 2015 ermordet worden.

In *Lula* gibt es zwei Museen. Das Museum für moderne Kunst wirkt wie ein Fremdkörper im Gegensatz zum blutigen »Su Battileddu«, der Opferfigur der Fastnacht. Wenn er auf den Boden fällt und sich nicht mehr bewegt, ruft jemand laut

> »L'an mortu, Deus meu, l'an irgangatu! /
> Sie haben ihn umgebracht, mein Gott, sie haben ihn abgemetzelt!«.

Mit großer Geduld zeigten uns Gigi und Bruno, Sebastiano und Gianpaolo die Kirche, die Küche, die Schlafsäle für die Pilger. Essensstände, Zuckerwatte, Süßes aus Torrone gab es rund um die Kirche. Wir aßen Salat aus dem Hirn und den Kaumuskeln der Schafe »su Filindeu«, eine Schafsbrühe mit Pecorino. Für alle ist das Essen frei.

Am 8. Mai 2024 war die Gruppe der Reiter besonders groß, wild donnerten die Pferde über den Lehmboden. Das Gelände um die Kirche ist mit Kopfsteinen gepflastert. Da geschah es, ein Pferd stürzte, ein Reiter

---

[88] Sardegna Turismo: San Francesco di Lula; www.sardegnaturismo.it/de/entdecken/san-francesco-di-lula?language=it (1.8.2024).

Karneval in Lula

schlug mit dem Kopf auf den Boden und brach zusammen. Menschen eilten herbei, ein Hubschrauber kam.

In der Kirche wurde ein Gottesdienst abgehalten und danach wurden alle ins Nachbarhaus eingeladen zu Schaffleisch und Eierlikör. Hundert Meter weiter waren die Männer und Frauen aus *Lula* um einen Stand versammelt, an dem es Wein, Bier und Brot gab. *Lula* blieb unter sich.

Der Prior, der das Fest ausrichtet, ist ein reicher Mann aus *Nuoro*. Er finanziert alles, das Essen, die Renovierung der Kirche, den Wein, die Anzeigen in den sardischen Tageszeitungen oder den Ausbau der Pilgerhäuser. Ich hatte nicht damit gerechnet, dass dieses »Kirchenfest« in den Händen einer weltlichen Autorität ist. Der neue Prior war ein freundlicher Mann. Seine blonde Frau ritt auf einem Schimmel. Ihn selbst sah ich ohne Pferd an der Zwischenstation. Hatte er Angst vor Pferden? War er einmal gestürzt? Ich dachte an Gerolf, meinen Freund, der mich auf der ersten Sardinienreise begleitet hatte. Er hatte eine Pferdeallergie, schon beim Anblick von Pferden tränten Nase und Augen und er bekam keine Luft mehr.

Die Sehnsucht der Menschen nach Ritualen, nach Gesang, nach Tanz ist so eng mit dem Leben verwoben wie das banditische Bedürfnis meiner Fotografenfreunde. Banden zu bilden, um die Ungleichheit zu überwinden, war der religiöse Ausgangspunkt der Bauernkriege im 16. Jahrhundert. Es entsprach auch den Fantasien der neu gegründeten PCI in den 1920er-Jahren und der 68er-Bewegung des letzten Jahrhunderts. Diese Form des »Banditischen« hat mit dem Interesse der Mafia, mit

Frauenprozession in Cabras (nähe Oristano) beim Fest von San Salvatore

Selbstsucht, nicht das Geringste zu tun. Gramscis utopischer Blick auf die Religion verband sich mit der Freundlichkeit des Franz von Assisi.[89]

> »In diesem Sinn ist die Religion die kolossalste Utopie, das heißt die kolossalste ›Metaphysik‹, die in der Geschichte erschienen ist, daß sie der großartigste Versuch ist, in mythologischer Form die wirklichen Widersprüche des geschichtlichen Lebens zu versöhnen: sie behauptet in der Tat, daß der Mensch dasselbe ›Wesen‹ hat, dass der Mensch-im-allgemeinen existiert […], daher mit den anderen Menschen verschwistert ist, den anderen Menschen gleich, frei unter den anderen und wie die anderen Menschen«.[90]

Gramsci hat sich keine Illusionen gemacht bezüglich des Katholizismus Italiens und des Beginns der faschistischen Herrschaft. Aber er hat sich die Mühe gemacht zu graben, nach den Steinen, den Zeichen, um eine materielle Grundlage zu finden für das Prinzip Hoffnung. Er ist seinem späten belächelten Bruder Ernst Bloch sehr ähnlich.

> Wenn Religion kritisch bleiben will, wird sie den Gott der Unterdrückten vom Gott der Privilegierten zu unterscheiden [wissen], dann kann sie zum kollektiven Vehikel für die Sehnsucht nach Ver-

[89] Siehe hierzu Anne Steckner: Gramscis Auseinandersetzung mit Religion im Spannungsfeld von Unterwerfung und Widerständigkeit. In: grundrisse. zeitschrift für linke theorie & debatte 44/2012; www.grundrisse.net/grundrisse44/Antonio_Gramsci_Religion.htm (1.7.2024).

[90] Antonio Gramsci: Gefängnishefte, Band 6, Heft 11, § 62, Hamburg 1994, S. 1475.

änderung werden – in welche Richtung, ist damit nicht zwangsläufig ausgemacht, sondern hängt von den jeweiligen historisch konkreten Bedingungen, d.h. von gesellschaftlichen Kräftekonstellationen und politischen Kämpfen ab. Religion hat kein ahistorisches Wesen, sie bleibt umkämpft. Gelingt es der gesellschaftlichen Partei als Ort kollektiver Organisierung der Subalternen, Religion als ein Element des zusammenhangslosen Alltagsverstandes mit der Perspektive radikaler Veränderung des Bestehenden zu verknüpfen, so wäre Religion nicht mehr ›allgemeine Theorie dieser [verkehrten] Welt, [...] ihre Logik in populärer Form‹ (Marx). Sie wäre mehr als ein Seufzer, kann Projektionsfläche für den Wunsch nach etwas grundlegend Anderem sein, nach einem Reich, in dem die Ursachen der Bedrängnis beseitigt sind.«[91]

Verlässt man *Lula*, um sich noch einmal in *Sassari* wiederzufinden, so trifft man auf Tausende Männer und Frauen, Kinder in den Kostümen der jeweiligen Dörfer, Städte und Regionen. Sie ziehen durch die Stadt, teils barfuß wie die aus *Cabras*, mit Peitschen, Trommeln, Akkordeon und Trompeten. Man kann sich nicht satt sehen an der Schönheit. Am 12. Mai 2024 ritt zum ersten Mal eine Bande von Frauen am Ende des Zuges. Weibliche Potenz, dass einem der Atem stockte, ein Sinnbild dafür, dass Tradition keineswegs konservativ sein muss, im Gegensatz zum Deutschen Einheitskostüm[92] der Nazizeit, welches bis heute das Bild der Münchner Oktoberfeste bestimmt.

[91] Steckner, a.a.O.

[92] Elsbeth Wallnöfer: Tracht macht Politik. Innsbruck 2020.

17. Die Grundschule von Osilo oder Kinder brauchen Märchen (2024)

Heute war Inspektor Diff in der Grundschule von *Osilo*. Der Inspektor trug eine große Brille und hatte einen aufgemalten Bart. Er sah aus wie eine Mischung aus Giangiacomo Feltrinelli[93] und Groucho Marx. Die Kinder liefen aufgeregt in den Klassenräumen hin und her. Sie trugen schwarze Kittel mit weißen Kragen und die Hilfslehrerinnen rote Jacken. Ich half Fabio, dem Bühnenbildner, Riccardo, dem Tontechniker, und Ignazio, dem Kommissar, beim Aufbau der Bühne. Ignazio war von der Gemeinde *Osilo* engagiert worden, er bot allen Grundschulen interaktive Theaterstücke an. Sein Inspektor Diff ermittelt gegen das Böse, das nicht immer und überall ist. Er singt und stolpert, er fällt und lacht, er gewinnt die Herzen der Kinder. Sie werden in die Aufführung integriert und tanzen und spielen mit. Ich war wieder da, wo ich angefangen hatte. An der Basis, an einer Schule, dieses Mal auf Sardinien. Ich genoss das Privileg, dabei zu sein, wieder am Anfang.

Die Bühne war eine Häuserwand mit vielen Fenstern, Puppen tauchten auf, geführt von Fabio, Riesen aus heißer Luft und Gangster aus buntem Papier. Die Plastikgangster verdreckten das Meer und wurden geschnappt, die Bande der Waldzerstörer bekam keine Chance. Alle Kinder halfen mit, sie tanzten, sie bangten und sie hörten zu.

Osilo liegt auf dem Berg, nicht weit von *Sassari*, auf der Spitze der historische Kern des Dorfes mit einer Burg. Zwei Bars mit Blick ins Tal und aufs Meer. In der Tabaccheria lagen die neuen Bücher von Gabriel García Márquez und Paul Auster aus.

Vor der Vorstellung holten die Schülerinnen ihre Stühle aus den Klassenzimmern und die Lehrerinnen dirigierten, wo sie zu sitzen hatten.

[93] Es gibt eine wunderbare Biografie seines Sohns Carlo Feltrinelli: Senior Service. Das kurze Leben meines Vaters. München 2001.

Ich solle neben den Mädchen sitzen, riefen die Kinder mir zu. Da blieb ich und wartete. Der Bürgermeister kam, ein sympathischer Mann, Partito Democratico.

Am Ende der Vorstellung zeigt Ignazio einen Zaubertrick und die Kinder und die Lehrerinnen dankten es ihm mit viel Applaus. In jeder Klasse waren Kinder in Rollstühlen. »Schon immer«, sagte die Lehrerin, die mir stolz berichtete, dass ihr Papa Kommunist und der Bürgermeister ein Freund sei. Die Kinder fragten, ob mein langes weißes Haar eine Perücke sei, und ich ließ sie daran ziehen.

Wir packten ein, vier fröhliche Männer auf Tournee. Mein Ignazio war erschöpft und wir fanden eine Pizzeria. Wir waren die einzigen Gäste im »Pueblo«, aber die Küche zauberte uns in Windeseile Pasta und Hamburger, *Verdura alla griglia* und zartes Fleisch. Der Wein war gut, ich nahm Abschied.

Wie sehr hätte ich mir gewünscht, dass Antonio Gramsci seinen Kindern seine Märchen selbst hätte erzählen oder vorspielen können. Seine Jungs hätten auf den Stühlen in ihren schwarzen Kitteln gesessen, während Gramsci sich hinter der Bühne umzog. Mit halbem Ohr hätte er dem Bürgermeister von der Linken gelauscht, glücklich, dass die Welt nicht ganz den Faschisten gehört. Aber Gramsci blieb nur das Aufschreiben, seine Gedanken über eine praktische Philosophie und die Märchen für die Kinder dieser Welt.

»Lieber Delio,
Dein Engelchen mit den Buchfinken und den Fischchen hat mir gefallen. Wenn die Finken aus dem Käfig entwischen, darf man sie nicht an den Flügeln oder den Beinchen festhalten, die sind empfindlich und können leicht brechen oder auskugeln; man muss ihren ganzen Körper in die hohlen Hände nehmen, ohne sie zu zerdrücken. Als Kind habe ich viele Vögel aufgezogen und auch andere Tiere: Falken, Schleiereulen, Kuckucke, Elstern, Krähen, Spatzen, Kanarienvögel, Finken, Lerchen und viele mehr. Ich habe auch eine kleine Schlange gehalten, ein Wiesel, Igel und Schildkröten. Einmal habe ich sogar eine Igelfamilie bei der Apfelernte beobachtet.

An einem Herbstabend, es war schon dunkel, aber ein heller Mond leuchtete am Himmel, da bin ich mit einem Freund auf eine Wiese voller Apfelbäume geschlichen. Wir versteckten uns hinter einem Busch, gegen den Wind. Plötzlich kamen Igel daher, fünf an der Zahl: zwei größere und drei ganz kleine. Einer hinter dem anderen, wie die Indianer, sind sie unter die Apfelbäume getrippelt, sind im Gras herumgestromert und haben sich dann an die Arbeit gemacht: Mit ihren kleinen Schnauzen und den Füßchen rollten sie die Äpfel, die der Wind von den Bäumen gefegt hatte, vor sich her und sammelten sie an einem kleinen Plätzchen, sorgfältig einer neben dem anderen. Aber die heruntergefallenen Äpfel reichten nicht; der größte Igel reckte seine Schnauze in die Luft, sah sich um, wählte einen ganz krummen Baum und kletterte daran hinauf, gefolgt von seiner Frau. Sie setzten sich auf einen mit Früchten beladenen Ast und begannen, rhythmisch hin- und herzuschaukeln. Ihre Bewegungen übertrugen sich auf den Ast, der unter immer heftigeren Stößen erzitterte, bis viele zusätzliche Äpfel zu Boden fielen. Nachdem sie auch diese zu den anderen geschoben hatten, rollten sich alle Igel, die großen und die kleinen, zusammen, stellten ihre Stacheln auf und legten sich auf die Früchte, sodass diese aufgespießt wurden: Die kleinen Igel hatten eher wenige Äpfel auf dem Rücken, aber Vater und Mutter hatten es geschafft, jeder sieben oder acht Stück aufzuspießen.

Auf dem Rückweg zu ihrem Bau kamen wir aus unserem Versteck, stopften sie in einen Sack und trugen sie nach Hause. Der Vater und zwei kleine Igelchen waren bei mir, ich hielt sie viele Monate auf unserem Hof, sie jagten alle kleinen Tiere, zum Beispiel Kakerlaken und Maikäfer, und aßen Früchte und Salatblätter. Frische Blätter liebten sie besonders und ich konnte sie ein bisschen zähmen; sie rollten sich nicht mehr zusammen, wenn sie Menschen sahen. Vor den Hunden jedoch hatten sie große Angst. Ich machte mir einen Spaß daraus, lebende Nattern in den Hof zu bringen und zuzusehen, wie die Igel Jagd auf sie machten. Kaum hatte ein Igel die Schlange entdeckt, sprang er behende auf seine vier Füßchen und ging mutig zum Angriff über. Die Schlange hob den Kopf, züngelte und pfiff; der Igel gab ein leises Quieken von sich, packte die Schlange mit den Vorderfüßchen, biss sie ins Genick und verspeiste sie in kleinen Häppchen. Eines Tages waren die Igel verschwunden: Bestimmt hatte sie jemand gegriffen, um sie zu essen. […]

Ein anderes Mal werde ich dir über den Tanz von Hase, Bär und Webervogel schreiben. Auch von anderen Tieren werde ich dir Dinge berichten, die ich als Knabe gesehen und gehört habe: die Geschichte vom Fohlen, vom Fuchs und vom Pferd, das nur an den Feiertagen einen Schwanz hatte, und ganz viele andere Sachen. Ich denke, die Geschichte von Kim kennst du bereits, das Dschungelbuch und vor allem Die weiße Robbe und Rikki-Tikki-Tawi. […]
Ich küsse dich, Papa[94]

[94] Antonio Gramsci: L'albero del riccio. Milano 1984, S. 39. Übersetzung von Franziska Bolli.

18. Gespenster

Vom Friedhof aus kann man das Meer sehen: kleine vertrocknete Gräber mit rostigen Kreuzen aus Stahl, Familiengrüfte, in Stein gehauene Delphine, kunstvoll gezeichnete Fische, bunte Marienbilder, zarte Heilige und die Bilder der Toten. Auf dem Friedhof von *Argentiera* führen keine Treppen in den Himmel, aber sie führen am Ende der Friedhofsmauer auf ein Plateau. Von hier aus kann man ein Licht sehen. Die Neue Welt. Ich sehe den Strand von *Mallorca*, die *Barceloneta*, die Skyline von *Atlantis*, die Pforten zum Paradies. Auf dem Friedhof von *Argentiera* liegen die Toten dicht beieinander: Linke und Rechte, Alte und Junge, Faschisten und Partisanen, Träumer und Utopisten, Täter und Opfer, Mädchen und Jungen.

Hinter dem Friedhof liegen Felsen, das Geräusch der tosenden See ist auf den Steinen abgelegt. Von hier führen zahlreiche verschlungene Wege entlang der Küste.

> »Wo sich der Kobold einen Weg bahnte, funkelten Zweige und Steine im Mondlicht auf. Zu den bösen Geistern gesellten sich die Geister der ungetauften Kinder, weiße Gespenster, die durch die Luft flogen und sich in silberne Wölkchen hinter dem Mond verwandelten. Die Zwerge und die Janas, kleine Feen, die tagsüber in ihren Felshäusern an goldenen Webstühlen goldene Stoffe wirkten, tanzten im Schatten der weitläufigen Macchia aus Steinlinden, während die Riesen mit ihren gewaltigen grünen Rossen, die nur sie allein zu besteigen verstehen, zwischen den Bergzacken im Schein des Mondes auftauchten.«[95]

Mondlandschaften mit Lavagestein und angeschwemmtem Holz, bunte Muscheln und weiße Knochen. Im Sommer werden Camper die letzten Gespenster verjagt haben. Sie sind auf dem Friedhof versammelt, sitzen auf ihren Grabsteinen, spielen Schach mit den Wirbelknochen toter Schlangen, schauen auf das Meer hinaus, haben die Insel nie verlassen. Sie sind treue sardische Seelen, das steht auf jeder Bierflasche von *Ichnusa*: *Anima Sarda.*

Links neben der Straße zwischen *Bosa* und *Alghero* fällt die Küste steil ab. Im Licht der Sterne erkenne ich auf einem SUP-Board Daniele, den jungen Mann aus meiner Straße. Er ist vor einem Jahr an Leukämie gestorben. Sein Hund begleitet ihn, er liegt auf dem Brett und Daniele steht und holt ein Netz ein. Er winkt und lächelt mir zu.

Am Anfang des Höllenschlundes »Gola su Gorropu« betreiben die Schwestern Martina und Simone ein Hotel. Man kann bei ihnen Kraft

[95] Grazia Deledda: Schilf im Wind. München 1913 [2021].

sammeln, sich entscheiden für den breiten oder den schmalen Weg in den tiefsten Canyon Europas. Simone gibt Entwarnung. Der Teufel ist nach *Quirra* gezogen.

Linker Hand liegt ein gewaltiger Bergbrocken, hingeworfen von einem Riesen. Will man ihn von der Seeseite aus besteigen, braucht man ein Seil, eine Schippe Mut und eine Portion Ausdauer. Ich wähle den breiten Weg, suche nach der Schlange, deren Haut ich vor 30 Jahren fand und die heute eingerahmt in meinem Schlafzimmer an der Wand hängt. Zwischen den Ruinen, dem Mauerwerk einer zerstörten Festung, sitzt mein Freund Sammy, um ihn herum versammelt all die anderen Toten, mit denen ich auf Sardinien sein durfte. Gerolf kommt vorbei, Duxi lacht laut, der alte Knecht Efix kommt aus dem Schilf und dem Wind, an seiner Hand Grazia Deledda. Sammy erzählt Geschichten aus dem Orient, von Mohren, von Schriftgelehrten, von mutigen Männern und klugen Frauen, vor allem von Nasreddin Hoca. Ich setze mich dazu, spüre aber, dass ich störe. Sammy schenkt mir ein freundliches Lächeln und macht mir klar, ich solle verschwinden. Meine Zeit sei noch nicht gekommen.

Im Elternhaus von Sebastiano in *Paulilatino* spukt es. Ein kleiner buckliger Kobold läuft durch den Garten und singt: »Will ich in mein Gärtlein gehn, will mein Zwiebel gießen, steht ein bucklig' Männlein da, fängt gleich an zu niesen.«

Es ist Antonio. Er sitzt auf einer Bank und wartet auf den Brief von Giulia aus dem fernen Moskau. Gramsci hat Geduld mit den Schwächen der Menschen. Er hat die Idee eines menschlichen Kommunismus nicht zu den Akten gelegt. Es ist Nacht, der Vollmond scheint. *Su Luna*. Der Mond ist weiblich und ihre Strahlen geben Gramsci einen nächtlichen Glanz.

Reiserouten (ausgewählte Orte)

1. Porto Torres – Sassari – Lago Baratz – Alghero – Pozzo Santa Cristina – Ghilarza – Isola di San Pietro – Cagliari
2. Olbia – Posada – Santa Lucia – Siniscola – Orgosolo – Posada
3. Porto Torres – Gallura – Arzachena – Castelsardo – Oristano
4. Alghero – Santu Lussurgiu – Cuglieri – Olbia
5. Muravera – Villasimius – Quirra – Cala Goloritzé
6. Porto Torres – Costa Smeralda – Portisco
7. Fluminimaggiore – Buggerru
8. Buggeru – Porto Flavia – Sanluri – Nuoro – Piras – Posada
9. Posada – Santa Lucia – Dorgali – Cala Ganone – Isili – Sanluri – Guspini – Buggeru
10. Tempio Pausania (Gallura)
11. Le Dune Piscinas (Monreale) – Isola di Maddalena – Palau
12. Cagliari – Pula – Oristano – Tharros
13. Alghero – Fertilia
14. Mamoiada
15. Villasalto – Quirra – Perdasdefogu – Jerzu – Gairo Vecchio – Nuoro
16. Lula
17. Osilo
18. Argentiera

Orte der Reiserouten (Auswahl)

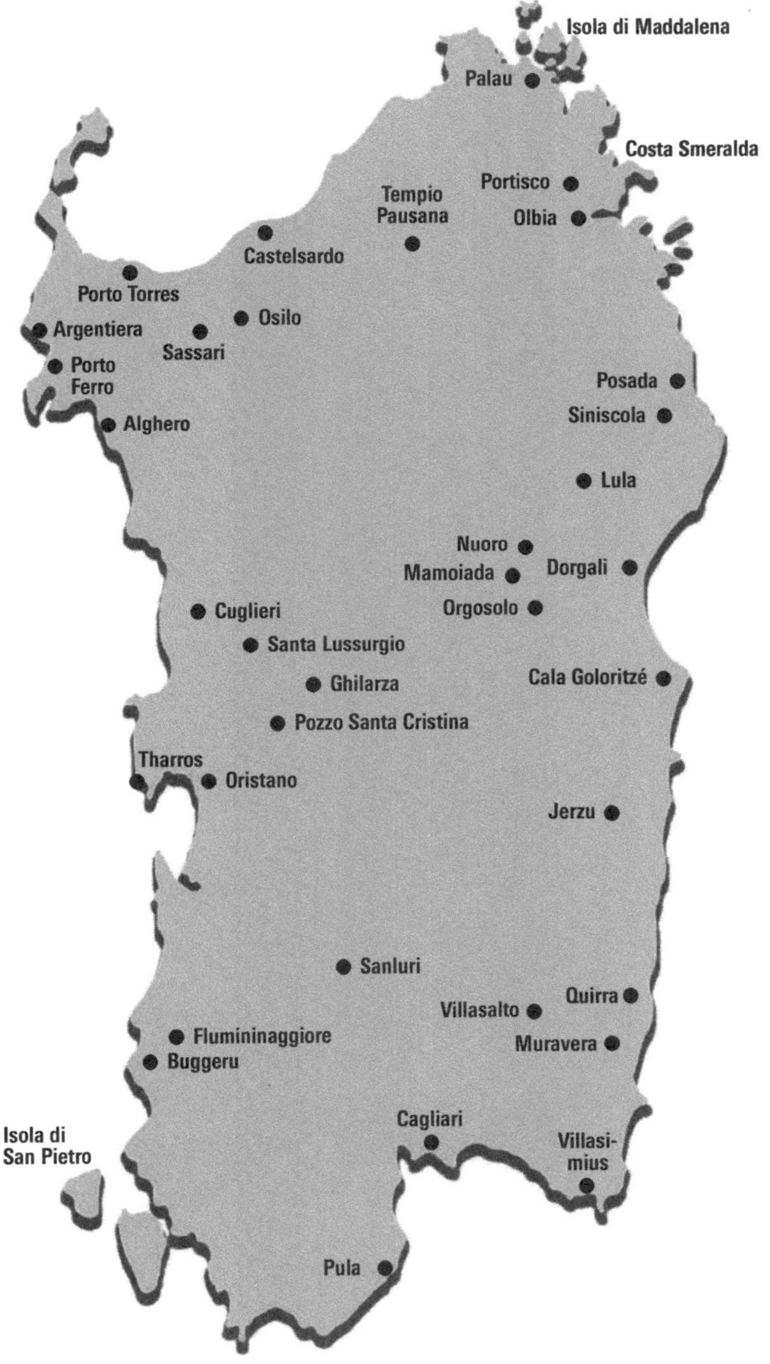

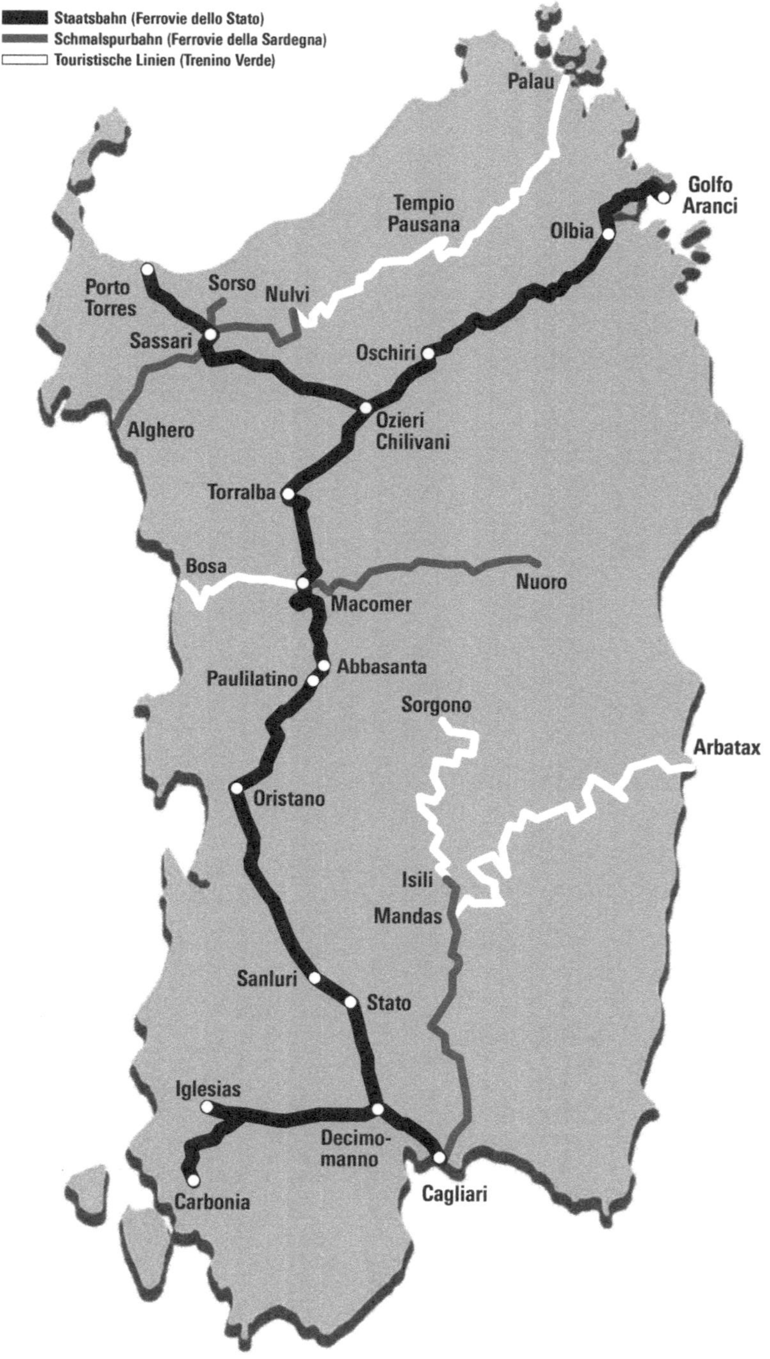
Bahnlinien auf Sardinien
Staatsbahn (Ferrovie dello Stato)
Schmalspurbahn (Ferrovie della Sardegna)
Touristische Linien (Trenino Verde)
Palau
Golfo
Aranci
Tempio
Pausana
Olbia
Porto
Torres
Sorso
Nulvi
Sassari
Oschiri
Ozieri
Chilivani
Alghero
Torralba
Bosa
Nuoro
Macomer
Abbasanta
Paulilatino
Sorgono
Arbatax
Oristano
Isili
Mandas
Sanluri
Stato
Iglesias
Decimo-
manno
Carbonia
Cagliari